CHANTS ROMAINS.

PAR CRETINEAU-JOLY.

PARIS,

CHEZ AUCHER-ÉLOY ET COMP^{IE}, ÉDITEURS,
RUE SAINT-ANDRÉ-DES-ARCS, N° 65.

1826.

Pronoms Adjectifs.

AUTRE.

m. f. n.

- SING. Nom. Hic, hæc, hoc, *celui-ci, celle-ci, cela.*
- Gén. Hujus, } *de tout genre.*
- Dat. Huic,
- Acc. Hunc, hanc, hoc.
- Abl. Hoc, hâc, hoc.
- PLUR. Nom. Hi, hæ, hæc, *ceux-ci, celles-ci, ces ch*
- Gén. Horum, harum, horum.
- Dat. His, *de tout genre.*
- Acc. Hos, has, hæc.
- Abl. His, *de tout genre.*

AUTRE.

m. f. n.

- SING. Nom. Ille, illa, illud, *celui-là, celle-là, cel*
- Gén. Illius, } *de tout genre.*
- Dat. Illi,
- Acc. Illum, illam, illud.
- Abl. Illo, illâ, illo.
- PLUR. Nom. Illi, illæ, illa, *ceux-là, celles-là, ces c*
- Gén. Illorum, illarum, illorum.
- Dat. Illis, *de tout genre.*
- Acc. Illos, illas, illa.
- Abl. Illis, *de tout genre.*

Déclinez de même Iste, ista, istud.

AUTRE.

m. f. n.

- SING. Nom. Ipse, ipsa, ipsum, *moi, toi* ou *lui-m elle-même, cela même.*
- Gén. Ipsius, } *de tout genre.*
- Dat. Ipsi,
- Acc. Ipsum, ipsam, ipsum.
- Abl. Ipso, ipsâ, ipso.
- PLUR. Nom. Ipsi, ipsæ, ipsa.
- Gén. Ipsorum, ipsarum, ipsorum.
- Dat. Ipsis, *de tout genre.*
- Acc. Ipsos, ipsas, ipsa.
- Abl. Ipsis, *de tout genre.*

AUTRE.

- SING. Nom. Idem, eadem, idem, *le même, la m le même.*

CHANTS

ROMAINS.

La Vérité.

La Vérité.

> Usque ad nubes veritas tua.
> *Psal.* 56.

Que l'homme trompeur ou victime
Malheureux jouet de ses sens,
Puisse d'un accord unanime
Au mensonge offrir son encens !
Que nourri d'humaines misères,
Il puisse au pays des chimères,
Porter un orgueil insensé !
Qu'il s'élance d'un vol agile
Pour saisir le songe fragile,
Qui dans la nuit l'aura bercé !

Que dans sa fureur insensée,
Plongé dans la nuit de l'erreur,
Il coure à la vaine pensée,
A ce fantôme du bonheur!
Que toujours à sa suite il traîne,
Comme une affreuse et longue chaîne,
Les liens de l'iniquité!
Que la fraude, que l'artifice
Cherchent à saper l'édifice
De l'immuable vérité.

Il passera comme un nuage
Emporté par l'effort du vent,
Il verra son aveugle rage
S'évanouir comme un torrent.
Baigné des pleurs de l'impuissance
Comme un criminel sans défense,

LA VÉRITÉ.

Il dévorera son tourment,
Et courbant sa tête indocile
Il sera comme un vil reptile,
Que l'homme écrase impunément.

Et la vérité triomphante,
Debout sur les débris du temps,
Plane radieuse et brillante
Elle s'affermit par les ans.
Comme l'astre qui nous éclaire,
Fait disparaître à sa lumière
Les spectres enfans de la nuit;
Ainsi disparaît devant elle
Le prestige qu'un cœur rebelle
Dans l'univers avait produit.

★

O vérité, sainte déesse,
Pourquoi te cacher aux mortels?
Pourquoi couvrir notre faiblesse
Lorsqu'on embrasse tes autels?
L'homme est enfant à tous les âges,
Il faut, sous d'aimables nuages,
Cacher ta belle nudité :
Il faut tempérer tes lumières,
Il faut sur toi, sur leur paupières,
Suspendre un voile respecté.

Non, non, jamais, fils de la lyre,
Je ne trahirai mes serments,
Non, la déité qui m'inspire
Ne rougira point de mes chants !
Je n'irai point devant l'idole
Profaner l'auguste parole

Qui me consume de son feu,
Et s'il faut fléchir, je préfère
Partager cette coupe amère
Qui de Socrate fit un dieu.

Dans l'âge heureux de l'espérance,
Pourrais-je, comme un vil flatteur,
Ramper dans la nuit du silence,
Ou traîner mes pas dans l'erreur?
Pourrais-je, poëte du crime,
Faire de mon cœur un abîme,
De ma bouche un sépulcre ouvert?
Ma langue, pleine d'artifices,
Pourrait-elle encenser les vices
Dont l'homme ici bas est couvert?

L'erreur fait les malheurs du monde.
Elle anéantit les talents.
C'est ce monstre affreux qui féconde
Et qui fait naître les tyrans.
C'est lui qui corrompt la nature,
S'attachant comme une ceinture
Autour des reins d'un enfant-roi,
Il empoisonne sa jeunesse,
Et le nourrit dans la vieillesse,
D'opprobres, d'encens et d'effroi.

Comme un berger de Numidie
N'arrache à la dent du lion,
Que des membres dont sa furie,
A rongé quelque portion,
Ainsi de sa rage inhumaine
La vérité peut-elle à peine

Sauver quelques rois fortunés,
Et les présenter à l'histoire
Comme un gage de sa victoire
Sur ces courtisans forcenés.

Peut-être que dans la justice
L'assassin de Britannicus,
Eût marché, si flatteurs du vice,
Ils n'eussent souillé ses vertus.
Il nous eût rappelé peut-être,
Cet Auguste, ce premier maître
Que Rome adora si long-temps;
Mais séduit par la flatterie,
Il fut l'horreur de sa patrie,
Il est l'opprobre des tyrans,

Et voilà la seule conquête
Que promet la sanglante erreur !
O rois, couronnez votre tête
Des lauriers qu'offre le flatteur.
Qu'on chante votre ignominie !
Triomphez pendant votre vie
Des malheurs que vous avez faits !
Vous pourez imposer silence,
Bientôt nous tirerons vengeance
De vos innombrables forfaits !

Bientôt l'inexorable histoire,
Tenant à la main son flambeau,
Pour exhumer votre mémoire,
Descendra dans votre tombeau.
Bientôt comme une paille aride,
Que, dans sa course, un char rapide

Au feu de sa roue a broyé :
Votre nom traversant les âges,
Ne recueillera pour hommages
Que l'effroi... jamais la pitié !

Oh ! si dédaignant la louange,
Un roi, du fond de son palais,
De la vérité sans mélange
Pouvait écouter les arrêts ;
Si son oreille délicate,
Au moment même qu'on le flatte
Appelait un nouveau Sully,
Alors la vérité brillante
Laisserait la plume éloquente
Du grand Tacite et de Fleury.

Alors, comme aux beaux jours de Rhée,
L'homme apparaîtrait innocent :
La terre de bonheur parée
Fleurirait comme un lis naissant.
Le ciel deviendrait plus paisible :
Thémis serait incorruptible ;
Et jusques aux trônes des rois
La vérité long-temps craintive,
Déliant sa langue captive,
Pourrait faire entendre sa voix.

Mais ne crains pas que je confonde
Les droits de l'homme et ses abus,
Je sais distinguer dans le monde
Un Caton d'avec un Brutus :
Je sais que d'affreux Démosthènes,
Pour briser nos antiques chaînes,

LA VÉRITÉ.

Nous présentèrent des bourreaux!
Qu'indignés de n'être qu'esclaves,
Ils offrirent d'autres entraves,
La liberté des échafauds.

En voulant le bien, la sagesse
Sait modérer son noble élan,
Arrêter la fougueuse ivresse
Du fier tribun ou du tyran.
Elle sait que l'on environne
Le cœur d'un prince sur le trône
D'encens et de vœux corrompus,
Et qu'enveloppé d'artifices,
Pour n'y point porter quelques vices,
Il faut avoir bien des vertus.

Ah! malheur à ceux qui sont sages
Aux yeux de leur propre raison!
Malheur à ceux qui, dans les âges,
Distillent aux rois le poison!
L'herbe dès long-temps épuisée
Verdira-t-elle sans rosée ?
Le jonc peut-il croître sans eau?
Et le courtisan mercenaire
Peut-il espérer un salaire
Des rois dont il fut le fléau ?

Non, comme la frêle nacelle
Qui sillonne l'azur des mers,
Comme la parole infidèle
Qui n'est plus en frappant les airs;
Il passera, flatteur profane,
Devant le Dieu qui le condamne

LA VÉRITE.

Il revêtira les douleurs,
Et ceux qu'écrasait sa puissance,
Et dont il rongeait la substance,
Viendront insulter à ses pleurs.

Lorsque du char le méchant tombe
On te voit, sainte Vérité,
T'élancer comme une colombe
Dans tout l'éclat de ta beauté.
Tu reprends l'antique héritage
Qu'un faux et perfide langage
Altérait par son noir poison,
Et vers le Dieu qui te protège
Tu cours plus blanche que la neige
Qui brille aux sommets du Simplon.

Pise, 29 avril 1825.

Angéla.

Tout le monde sait que, dans les derniers siècles, les Turcs infestaient par habitude, les côtes de la Méditerranée, et se plaisaient à y commettre toutes sortes de crimes pour la plus grande gloire du prophète. Mais ce que l'on ne connaîtra peut-être pas aussi bien, c'est l'héroïsme de la jeune fille qui a fourni le sujet de ce petit poëme. Les traditions du pays un peu obscures, à la vérité, comme presque toutes les traditions m'ont révélé ce fait; je l'ai cru digne d'être offert à des lecteurs français, et j'ai chanté.

Quant au vieux Grec qui se trouve esclave sur le même navire qu'Angéla, je n'ai fait que le déplacer un peu, afin de pouvoir intéresser davantage. Quelques esclaves du bourg de Setine (jadis Athènes) se soulevèrent contre leurs oppresseurs; la victoire servit quelque temps l'héroïsme et la liberté. Ces malheureux crurent que les puissances chrétiennes devaient nécessairement embrasser la défense de la croix, et renouveler une croisade qui n'offrît jamais, dans les temps chevaleresques, ni autant de lauriers à cueillir, ni une aussi belle cause à défendre. Les papes étaient alors les dominateurs de l'Europe. Un député grec vint à Rome implorer le secours du père commun des fidèles. Il y fut reçu comme les derniers chargés d'affaires que le gouvernement de Napoli di Romania vient d'envoyer au Saint-Siége. Le temps des croisades est passé : ceux qui s'élanceraient aujourd'hui pour défendre la croix, oublieraient peut-être en partant de léguer leurs biens à l'église notre mère qui prierait pour eux, et, en conscience, la cour de Rome ne peut gratis venger tout à la fois le christianisme et la liberté.

Angéla.

Chant premier.

« Enfans de Mahomet, honneur, gloire au courage !
» Allah nous a guidés au fortuné rivage
» Où vivent des beautés dignes de notre amour.
» Les voilà ces beaux lieux, le voilà ce séjour
» Où sous le frais abri de l'oranger fertile,
» Nous attend le bonheur, un plaisir moins docile !
» Ployez, ployez la voile ! allons toucher ces bords ;
» Ils nous offrent toujours des houris, des trésors :

» Qu'un esclave soumis pour charmer notre vie
» Ne courre plus chercher aux monts de Circassie
» Un bonheur qu'on achète et qu'on ne trouve pas;
» Que l'amour soit le prix de nos sanglans combats !
» Nous règnons sur les mers : de notre cimeterre
» Dépendent nos plaisirs et le sort de la terre.
» Laissons de vils soldats maudits par l'Alcoran
» S'énerver dans l'opprobre aux genoux du sultan.
» Laissons-les caresser les fers de l'esclavage;
» Nous, fiers navigateurs, dès notre plus jeune âge,
» Sans patrie et sans lois, sur un léger vaisseau,
» Nous avons vu la mer nous servir de berceau.
» Du sabre musulman le monde est tributaire.
» Nous portons en tous lieux le plaisir ou la guerre.
» Ballottés chaque jour sur des flots en courroux,
» Nous bravons le trépas, et des instans plus doux,
» En couronnant nos fronts des palmes de la gloire,
» Nous font encor trouver plus d'une autre victoire.

» Le mal est passager, le plaisir est réel.
» Oui, nous anticipons sur le bonheur du ciel.
» Les craintes, les horreurs, les fréquentes alarmes,
» Au lieu de l'émousser, en redoublent les charmes.
» Nous attendions la mort, et voici le plaisir!
» Mahomet le commande, il est doux d'obéir.
» La nuit d'un voile épais a couvert la nature:
» Sur les flots apaisés un vent léger murmure,
» Il nous porte sans peine aux rivages chéris
» Où croissent pour nous seuls de célestes houris.
» Aux armes! compagnons, voici le jour de fête!
» Gloire au dieu dont chez nous Mahomet est prophète!

Ainsi parlait Osman. Ses farouches soldats
Voyaient, non sans frémir, son redoutable bras
Agitant sur sa tête un large cimeterre.
Ses yeux étincelans n'appellent que la guerre;

Il brûle de combattre, et sa bouche et son cœur
Du vaisseau qui fend l'air accuse la lenteur.
Au plus prochain rivage on aborde en silence.
Sur la plage aussitôt le pirate s'élance,
« Quarante, s'écrie-t-il, c'est assez. » A ces mots
Ses soldats à l'envi se pressent dans les flots.
Tous veulent déployer leur courage et leur zèle,
Tous veulent partager une proie aussi belle.
Comme on voit quelquefois l'aigle, roi des déserts,
Rassembler ses petits par ses affreux concerts,
Les guider dans les cieux, leur montrer la victime
Qui doit les assouvir au fond de leur abîme;
Tel Osman dans l'horreur de la profonde nuit
Apparaît aux guerriers que sa fureur conduit.

Ses pas ont retenti sur le sol d'Italie,
Et devançant de loin sa troupe qu'il oublie,

Il veut aux ennemis porter les premiers coups,
Les derniers ne pourront assouvir son courroux.
Plus léger que les vents, plus prompt que la parole,
Sous sa pesante armure il marche, il court, il vole;
Du plaisir de combattre il paraît oppressé.
De son sein rugissant un cri s'est élancé,
Il découvre un village, et sa main affermie
Se baigne dans le sang de la garde endormie.
Rien ne peut arrêter ce torrent débordé;
Il renverse en passant ce qui n'a pas cédé.
Allah! Allah! crie-t-il: ses soldats lui répondent.
Dans les airs étonnés leurs clameurs se confondent,
Et le paisible écho des rivages fleuris,
Pour la première fois, à ses vallons surpris
Va répéter ces mots qui glacent d'épouvante
Le guerrier pacifique et la vierge tremblante.
Osman a rassemblé ses compagnons poudreux;
Les flammes et le fer pénètrent avec eux.

D'heureux Italiens, loin du bruit et des armes,
D'un tranquille sommeil goûtaient les premiers charmes:
Ils savouraient en paix le bonheur... Quand soudain
La menace à la bouche et le sabre à la main,
Le terrible Ottoman à leurs yeux se présente;
Chacun à son aspect recule et se lamente.
La mère avec effroi sur son cœur déchiré
Presse son dernier fils par la mort dévoré.
Des vieillards, des enfans, troupes faibles, craintives,
Cherchent à dérober leurs têtes fugitives
Au coup qui les menace et qui va les frapper.
Le feu qui les poursuit va les envelopper.
Sur les débris fumans du malheureux village,
Massacrant sans pitié ni de sexe, ni d'âge,
Les cruels ravisseurs, gorgés d'or et de vin,
Jusqu'au temple sacré s'ouvrent un long chemin.
C'était là qu'à genoux déplorant leurs alarmes
De tristes citoyens, les yeux remplis de larmes,

Faisaient monter vers Dieu les cris du désespoir.
Aux pieds du saint autel ils venaient recevoir
Ce don consolateur, fruit de la pénitence,
Qui descendit du ciel pour calmer la souffrance.

Une vierge, au milieu du trouble et des horreurs,
Par ses cris déchirans attendrissait les cœurs.
Seule, sur le parvis, attachée au calvaire,
Elle innondait de pleurs cet appui tutélaire,
Et semblait l'entourer de son bras chancelant.
Ses vêtemens épars sur son corps tout sanglant
De la trace du feu portaient encor l'empreinte,
Mais ses longs cheveux noirs dans la pieuse enceinte,
Voilaient, sans les cacher, mille trésors secrets
Que n'avaient point souillé des regards indiscrets.
Chacun, en la voyant, oubliait sa misère.
» Mon dieu, s'écriait-elle, Ah! rendez-moi ma mère.

★

» N'ai-je donc pas assez de mes maux à souffrir?
» Aux pieds de vos autels j'accours pour vous fléchir;
» Mon bras est impuissant pour venger ma patrie,
» Mais vous, vous exaucez le faible qui vous prie :
» Arbitre des humains, dieu juste, dieu clément,
» Verrez-vous sans pitié les larmes d'un enfant?
» J'entends autour de moi de plaintives prières,
» Je vois couler des pleurs... ils n'ont donc plus de mères!
» Malheureux, que je plains votre sort et le mien!
» D'Angéla jeune encor la gloire et le soutien,
» Celle qui sur son cœur pressait sa tendre fille,
» Je l'ai vue outrager auprès de sa famille.
» Sur le corps d'un époux, sur le corps de ses fils
» Ses larmes appelaient le trépas à grands cris,
» Tout à coup un barbare...O dieu de l'innocence,
» J'embrasse tes autels, j'implore la vengeance,
» Ma mère en expirant sous des coups inhumains
» Tourna vers Angéla ses regards incertains;

CHANT PREMIER.

» Que mon bras... » Tout à coup la flamme dévorante
Embrase en tournoyant l'église chancelante.
Un cri de désespoir s'élance jusqu'aux cieux.
Personne n'y répond : des soldats furieux
Avec des chants de joie envahissent l'asile,
De l'âge et du malheur sauvegarde inutile.

Fatigué de carnage, et non rassasié,
Osman leur crie encor : « Massacrez sans pitié !
» Frappez tous ces chrétiens ennemis du prophète;
» Epargnez la beauté, c'est pour nous qu'elle est faite,
» Le plaisir va briller... » A ce discours cruel,
Le monstre a pénétré jusqu'aux pieds de l'autel.
Il y voit Angéla qui, sans force et sans vie,
Expirait de douleur aux genoux de Marie,
« Béni soit Mahomet ! honneur à l'Alcoran !
» La vierge aux cheveux noirs va du fidèle Osman

» Enchanter les beaux jours, devenir la conquête;
S'écrie-t-il en pressant cette charmante tête
Que les lis du trépas embellissent encor.
» J'ai poursuivi long-temps ce précieux trésor,
» J'en suis maître : gagnons à l'instant le rivage.
» L'aurore va bientôt éclairer cette plage,
» Nous avons cette nuit déployé notre ardeur,
» Amis, couronnons-nous des myrtes du bonheur!
» Au vaisseau! » Tout à coup ces accens retentissent
La voûte les redit, les échos en gémissent.
Au milieu du désordre, au milieu des douleurs,
Les soldats fatigués, mais sourds à tous les pleurs,
Se courbent sous le poids des dépouilles fumantes;
Ils chassent devant eux leurs victimes sanglantes.
A la lueur des feux, d'un air triomphateur,
Ils contemplent encor ce spectacle d'horreur;
Un effrayant sourire indique leur pensée.
Osman veut rallier sa troupe dispersée,

Et portant dans ses bras la mourante Angéla,
Il fait bénir le sort qui le favorisa.

On descend au rivage : une foule plaintive
De sanglots prolongés fait retentir la rive.
A ces tigres joyeux au milieu des débris,
L'un redemande un père, un autre, un dernier fils.
Aux genoux d'un soldat, une mère en alarmes,
Au moment du départ, veut couvrir de ses larmes
Celle que dans son flanc elle a porté neuf mois,
L'enfant que son amour a nourri tant de fois;
Sur sa tête aussitôt le cimeterre brille,
Et son dernier regard a contemplé sa fille,
Elle tombe sans vie : Osman seul applaudit,
Il semble menacer tout ce peuple interdit.
Il frappe en souriant cette sanglante terre,
Et son pied dédaigneux fait jaillir la poussière.

» Esclaves, s'écrie-t-il, loin de moi, loin de moi !
» Ne souillez plus mes yeux par votre lâche effroi!
» Allez aux pieds tremblans du vieillard votre maître
» Raconter nos hauts-faits; qu'il sache nous connaître!
» Nous reviendrons bientôt aidé par l'Alcoran,
» Il verra ce que peut entreprendre un Osman!
» L'ancre se lève; amis, laissons ces doux rivages.
» Ce généreux soleil amollit nos courages.
» Les vaincre est un affront! fuyons ces beaux climats;
» Ils offrent des houris, mais jamais de soldats!
Il dit, et sur ses bras soulevant sa victime,
Il la porte avec lui sur le sein de l'abîme;
La voile s'enfle; on part aux cris des matelots,
Et le cuivre écumeux laboure au loin les flots.

Cependant le soleil sorti du sein des ondes
De ses feux dévorans embrasait les deux mondes,

Et les tièdes zéphirs enchaînés dans les airs
Arrêtaient le vaisseau sur les paisibles mers,
Lorsqu'Osman transporté d'avoir saisi sa proie
Veut à ses compagnons faire part de sa joie.
Savourant à longs traits la liqueur de Moka,
Il leur fait tour à tour admirer Angéla.
Il tresse de ses mains sa longue chevelure,
Ses baisers dédaigneux profanent sa figure,
Et de sa léthargie accusant le destin,
Il cherche à s'étourdir, à noyer son chagrin.
« Que l'adorant jasmin, que la pipe chérie
» Exhalent en tous lieux les parfums d'Arabie.
» La victoire est à nous, leur dit-il, triomphons,
» De roses, d'orangers qu'on couronne nos fronts!
» Que le vin le plus pur dans nos verres bouillonne,
» Mahomet le défend, et moi, je vous l'ordonne!
» Le vin charme les maux, c'est le lait des guerriers;
» Qu'il est doux de le boire assis sous des lauriers!

» Le prophète enviera notre heureuse abondance.

» La vierge nous attend avec impatience,

» Elle frémit d'ardeur, elle entr'ouve ses bras.

» Préludons, mes amis, à de nouveaux combats,

» Du sein des voluptés courons à la victoire,

» Aimons, mais ne soyons fidèles qu'à la gloire. »

En finissant ces mots qu'anime le bonheur

Osman s'est appuyé sur l'airain destructeur;

Sa main, par le plaisir maintenant agitée,

Caresse en se jouant une barbe argentée,

Et dans les vins de Chypre épuisant les soucis,

Il cherche à réveiller ses désirs assoupis;

Il veut tromper le temps: ses compagnons l'imitent,

A goûter le plaisir tour à tour ils s'excitent;

Leurs bruyantes clameurs, leur gaîté, leurs transports,

En frappant les échos de ces malheureux bords,

Vont tirer Angéla du sommeil léthargique.
Ses yeux ont contemplé ce spectacle tragique.
Son premier sentiment n'est que pour sa pudeur,
Et sa mère expirante excite sa douleur.
Elle n'ose pleurer sa triste destinée.
Maudissant en secret ceux qui l'ont enchaînée,
Elle les voit gorgés de vins trop enivrans,
Succomber par degrés au trouble de leurs sens ;
Alors levant les yeux vers la terre chérie,
Ses pleurs coulent enfin : « Patrie, ô ma patrie,
» Adieu ! dit-elle, adieu ! loin des toits paternels,
» Où m'entraînent ici des ravisseurs cruels ?
» Je cours chercher des maux sur la terre étrangère,
» Et je n'y porte point les cendres de ma mère !
» Les vents avec vitesse entraînent le vaisseau,
» Puisse aujourd'hui la mer me servir de tombeau !
» Le sein encor meurtri des fers de l'esclavage,
» Je vois s'évanouir le fortuné rivage

» Où coulèrent en paix quelques heureux printemps :
» Adieu, douce Italie, adieu vallons, beaux champs !
» Orangers parfumés, et vous, jeunes compagnes,
» Qui couriez avec moi sur nos hautes montagnes,
» Je vous perds pour toujours ! source de mes douleurs,
» Ma patrie aujourd'hui ne verra point mes pleurs.
» Déjà tout disparaît : le flot qui me balance
» Me rend, m'enlève encor ma fragile espérance.
» Je n'en ai plus ! des pleurs, la honte ou bien la mort,
» Voilà mon seul partage et mon unique sort !
» O mon dieu, si ton cœur écoute ma prière,
» Dans la paix du tombeau fais-moi trouver ma mère ! »

Elle parlait encor : mais son fier ravisseur
Veut mettre tout à coup un terme à sa douleur.
Les tyrans sont jaloux des pleurs qu'ils font répandre,
Et leur cœur n'est point fait pour savoir les comprendre,

Osman s'est approché de la triste Angéla :
« Esclave, lui dit-il, on te consolera,
» Mon amour contre moi te fournit assez d'armes. »
Elle a levé sur lui ses yeux remplis de larmes.
« Barbare, s'écrie-t-elle, ah! perce-moi le sein!
» De mes tendres parens n'es-tu pas l'assassin?
» Je vois encor sur toi la trace de tes crimes.
» Ta main dégoutte encor du sang de tes victimes;
» Baigne-toi dans le mien, épuise tes fureurs,
» Ton bras connaît assez le chemin de nos cœurs.
» As-tu donc assouvi les transports de ta haine?
» Frappe, délivre-moi de mon affreuse chaîne,
» Et de ta cruauté je rendrai grâce au ciel. »
« Je t'aime, dit Osman, et ne suis point cruel.
» —Je t'ai vu massacrer mon innocente mère,
» Et mes pleurs ne pourront exciter ta colère?
» Tigre altéré de sang, arme mon faible bras,
» Donne-moi ton poignard et tu me connaîtras. »

Un regard amoureux est toute sa réponse.
Il sourit de pitié : belle esclave, renonce
» A ces tristes projets qu'enfante la fureur,
» Demain je te verrai t'applaudir du malheur,
» Répond-il, j'ai tué ta mère, ton amie,
» Eh! je la délivrai du fardeau de la vie!
» La vieillesse accablait ses membres chancelans,
» Mon cimeterre a fait ce qu'auraient fait les ans!
» Les perfides chrétiens de ce rocher sauvage (1)
» Descendirent jadis sur notre doux rivage.
» Le premier, sous leurs coups, mon père est accablé,
» Le destin le voulait, et je m'en consolai.
» Il est pour tous les temps des chagrins et des peines!
» Esclave, mon amour allègera tes chaînes,
» Je saurai prévenir tes amoureux désirs,
» Le temps de la jeunesse est fait pour les plaisirs,

(1) L'île de Malte.

» Va, ne regrette plus la terre enchanteresse,
» Tes yeux verront bientôt le soleil de la Grèce.
» Je vois déjà percer à travers l'horizon
» Les monumens d'Athène et ceux du Parthenon,
» C'est là qu'est le bonheur! apaise tes alarmes,
» Je veux briser tes fers, sois libre, et que tes larmes
» Ne viennent plus ici chagriner mon amour.
» Jeune odalisque, attends un fortuné retour,
» Je prierai Mahomet de soulager ta peine,
» A bord de mon vaisseau, tu seras plus que reine,
» Je t'aimerai toujours. » Le pirate, à ces mots,
D'Angéla trop plaintive arrêtant les sanglots,
Entoure de ses bras sa taille enchanteresse,
Il dérobe un baiser, il l'anime, il la presse,
L'amour chez l'Ottoman est encor la fureur.
Mais soudain Angéla, qu'alarme sa pudeur,
Pousse un cri déchirant, et d'une main tremblante,
Arrache au fier Osman cette arme étincelante

Qui lui sert de défense ainsi que d'ornement.
Elle ose l'appuyer sur le sein du tyran;
Et puisant dans son ame une force nouvelle,
» Assassin de ma mère, arrête, s'écrie-t-elle,
» Ou ce fer dont le ciel arme mon faible bras
» Va venger dans ce jour tes nombreux attentats!
» Vois-tu frémir la mer? de ses profonds abimes
» Elle semble, elle veut te vomir tes victimes.
» Chaque flot qui vient battre autour de ton vaisseau
» T'apporte en se brisant un supplice nouveau.
» Ils sont tachés de sang; mais, victime dernière,
» Ils ne m'entendront point t'adresser ma prière.
» Malgré tes crautés et ta barbare loi,
» Hélas! ils ont encore une place pour moi!
» Tremble, le désespoir peut armer l'innocence;
» Je mourrai, s'il le faut, mais jamais sans vengeance.

Comme on vit autrefois le premier criminel,
Reculer à l'aspect du ministre du ciel,
Et des beautés d'Eden l'ame encore frappée,
Fuir, malgré ses douleurs, la fulminante épée
De l'ange qui trompant ses inutiles vœux
Lui ravissait l'espoir et l'exilait des cieux,
Tel Osman, à l'aspect d'Angéla menaçante,
Devant le fer vengeur recule d'épouvante.
Le remord le poursuit: une juste frayeur
Pour la première fois se glisse dans son cœur.
Une vierge, un poignard purent seuls l'interdire.
Il fuit, mais en partant un effrayant sourire
Annonce qu'il peut tout et qu'il sait tout oser.
Le crime avec l'effroi sut toujours composer.

FIN DU CHANT PREMIER.

Angéla.

Chant second.

Des zéphirs amoureux la caressante haleine
Faisait voler Osman vers la plantive Athène.
Déjà depuis long-temps on voyait sur les mers
Briller les vieux débris de ses temples déserts,
Et la nuit de son voile entourant la nature
Pour la dixième fois à chaque créature
Dispensait un sommeil réparateur des maux ;
Le calme était partout, dans les cieux, sur les flots ;

Le cœur seul d'Angéla que nourrissent les larmes
Dans ce repos commun ne trouve point de charmes.
Eh! peut-on du sommeil savourer la douceur
Lorsque la servitude a pesé sur un cœur!
Quand les fers d'un tyran repoussent l'espérance,
Ah! qu'une nuit alors enfante de souffrance!
Seule, sur le tillac, en contemplant les mers,
Angéla se livrait à ses chagrins amers.
L'avenir à ses yeux d'une chaîne accablante
Déroulait les anneaux! comme une jeune plante
Aux rameaux paternels s'appuyant sans danger,
Va languir quelque temps sur un sol étranger,
Et par un bras puissant à sa tige arrachée
Ne donne pour tout fruit qu'une feuille séchée,
Et attendant la mort qui ronge par degrés
Ses racines, son tronc, ses rameaux égarés;
Telle, sur le vaisseau témoin de sa misère,
La vierge languissait en regrettant la terre.

Qui vit dans le bonheur couler ses premiers ans ;
Son front décoloré peignait ses sentimens.
Les malheurs à venir, l'infortune passée,
De crainte, de douleurs accablaient sa pensée.
L'effroi la poursuivait : son timide regard
Se portait quelquefois sur le sanglant poignard
Qu'arracha la pudeur à la rage impuissante.
Il pouvait tout finir : mais sa main frémissante,
A l'aspect du néant, reculant de frayeur,
N'osait plus abréger sa vie et sa douleur.
Le sombre désespoir a tué son courage,
Des larmes seulement inondent son visage,
Et, prenant à témoin le ciel de tous ses maux,
Elle veut dérober à ses affreux bourreaux
Le spectacle cruel de sa longue souffrance.

Assis sur le tillac un esclave en silence

Écoutait d'Angéla les plaintes et les cris.

De fers avillissans ses pieds étaient meurtris,

Et ses traits altérés par l'affreuse agonie,

Ses yeux où par degrés s'éteignait une vie

Plus terrible cent fois que la cruelle mort,

Ses membres décharnés, tristes jouets du sort,

Et les pleurs impuissans qui bordaient sa paupière,

Tout de la servitude annonçait la misère.

Vers la triste Angéla la pitié le conduit,

En soulevant sa chaîne il approche sans bruit,

Il oublie un moment son destin inflexible,

Le cœur d'un malheureux se trouve encor sensible.

Angéla l'aperçoit : elle frémit, ses yeux

Retiennent tout à coup quelques pleurs douloureux ;

Un esclave ne sait que trembler et que craindre.

« Ah ! pleurez, lui dit-il, pleurez sans vous contraindre,

» Jeune fille, je viens partager vos douleurs.

» — Vous n'êtes donc pas l'un de mes persécuteurs ?

» Répond-elle, eh! pourquoi s'attendrir sur mes peines?
» Quel est votre pays?—Je n'en ai plus.... Ces chaînes
» N'annoncent-elles pas le plus grand des malheurs.
» Je suis esclave!— Eh bien! partagez donc mes pleurs,
» Malheureuse, je sais plaindre votre misère.
» Peut-être comme moi, des bras de votre mère;
» Les cruels vous ont-ils arraché dans ce jour?
» Avez-vous, comme moi, laissé ce beau séjour,
» Ces lieux trop enchantés, cette douce Italie,
» Où des parens chéris couronnaient votre vie?
» Vous ne me répondez que par de longs sanglots,
» Infortuné, je plains vos malheurs. » A ces mots
L'esclave en soupirant jette sur l'innocente
Un regard où se peint la pitié, l'épouvante.
« Jeune fille, dit-il, nos sorts sont différens;
» Je n'ai plus de patrie! ai-je encor des parens?
» Un esclave peut-il réclamer ces doux titres,
» Des tyrans et des fers, voilà mes seuls arbitres!

» Ils dorment maintenant; nous, nous pouvons gémir,
» Votre malheur commence et le mien va finir.
» Depuis trente ans et plus, de rivage en rivage,
» J'ai changé de tyrans, mais jamais d'esclavage.
» Déjà mes yeux éteints invoquent le trépas,
» Ai-je encore long-temps à souffrir ici bas ?
» Non, mon cœur affaibli sait braver les tempêtes.
» Voyez-vous ce beau ciel qui couronne nos têtes ?
» A travers les vapeurs d'une trop sombre nuit,
» Découvrez vous ces lieux, ce monument détruit
» Où sous l'affreux bâton d'un despote imbécille,
» La terreur fait courber l'athénien servile.
» Ma mère de ses pleurs y couvrit mon berceau,
» Vous voyez mon pays, ce n'est plus qu'un tombeau;
» Mes bras jeunes encor se chargèrent d'entraves,
» Et mes premiers regards ont connu des esclaves.
» Sous le fer musulman grandissant par degrés,
» Je parcourais souvent ces monumens sacrés,

» Ces temples, ces beaux lieux, ce Parthenon antique,
» Ces déserts où jadis se trouvait le Portique,
» A l'aspect de ces murs abattus ou croulans
» Une invincible horreur s'emparait de mes sens.
» Des pleurs de sang coulaient sur leur décrépitude,
» Non, mon cœur n'était pas né pour la servitude !
» Hélas ! je le sentais palpiter et frémir,
» Je ne pouvais encor que pleurer et gémir.
» Sous les arcs triomphaux du jour de Salamine
» Un barbare insultait à l'affreuse ruine
» Qui dévorait ici les enfans de Solon.
» Ils voulaient arrêter l'essor de Marathon.
» Le stupide pacha, l'insolent janissaire
» Foulaient avec dédain les os du vieil Homère.
» Des malheurs de la Grèce ils semblaient triompher,
» Ils n'écoutaient nos cris que pour les étouffer ;
» Et le Turc ignorant ivre des vins de Gnide
» Dormait sur les tombeaux d'Alcée et d'Euripide.

» J'avais vingt ans alors : sous le poids de mes fers,
» Je visitais un jour ces monumens déserts
» Où d'un sang généreux se voit encor l'empreinte,
» Mon cœur n'exhalait plus une indiscrète plainte;
» Ce n'est point par des pleurs qu'on lave des affronts,
» C'est le sang, c'est le fer qui doit venger nos fronts !
» Pour frapper les tyrans moins de pleurs et plus d'armes !
» Je suis vieux aujourd'hui, je puis verser des larmes !
» Assis sur les débris d'un tombeau mutilé,
» Je nourrissais mon cœur d'un espoir isolé.
» Mes yeux avec effroi se portaient sur mes chaînes.
» Je palpitais de rage, et mes mains incertaines
» Roulaient quelques débris du sépulchre insulté,
» Soudain j'y lis ces mots : mort pour la liberté!
» O mânes du guerrier qui brisant l'esclavage
» Apprîtes à mon cœur à connaître l'outrage !
» Vous dont la tombe encore, après dix-huit cents ans,
» M'inspira le désir de frapper les tyrans !

» Recevez de nouveau mes vœux et mon hommage.
» La vieillesse et les fers accablent mon courage.
» Mais du fond du tombeau qui me rendit l'honneur
» Votre voix peut d'Athène exciter un vengeur.
» La Grèce est encor là ! ses enfans magnanimes
» N'attendent qu'un moment pour n'être plus victimes ;
» Ils sauront me venger : heureux si mon tombeau
» Peut de la liberté révéler le berceau !

Le noble fils des Grecs, en ce moment d'alarmes;
S'arrêta tout à coup pour essuyer ses larmes.
Les sanglots étouffaient sa misérable voix;
Il semblait perdre encor pour la première fois
Sa vengeance, son Dieu, son culte et sa patrie.
Oubliant ses chagrins, notre vierge attendrie
N'a pour le consoler que d'inutiles pleurs,
Et tous deux à l'envi déplorent leurs douleurs.

*

Le vieillard cependant qu'anime encor la gloire

Fait trêve à ses sanglots et reprend son histoire :

« Le jour allait finir : pensif et contenu,

» Je méditai ce mot jusqu'alors inconnu,

» Mort pour la liberté! Dans mon ame blessée

» Il fit naître aussitôt une noble pensée.

» Le soir j'étais esclave et pleurais sur mes maux,

» Le matin mon cœur bat, je deviens un héros.

» De ma patrie en deuil évoquant la grande ombre,

» J'apprends que la valeur sait défier le nombre.

» J'appelle des amis, ils m'ont tous répondu,

» Liberté! crions nous; ce mot est entendu.

» Des bords de l'Eurotas aux sommets du Taygète

» Il va des Ottomans proclamer la défaite,

» La liberté chez nous enfante des exploits,

« Et Mahomet encor tremble devant la croix. »

CHANT SECOND.

» Mais pour nous affranchir d'un honteux esclavage,
» Il ne suffisait pas de montrer du courage.
» Pour vaincre, il faut des bras, pour régner, des trésors,.
» Je crus que l'Occident servirait nos transports.
» Qu'heureuse des succès de son dieu, de ses frères,
» Ses armes s'uniraient pour venger nos misères ;
» Rome me vit alors, chrétien persécuté,
» Proclamer dans ses murs la sainte liberté !
» Je relevais la croix : Rome veut qu'on l'abatte !
» Ce nom effaroucha l'oreille délicate
» De ces obscurs tyrans qui rampant dans l'oubli,
» Pressurent sans effroi tout un peuple avili.
» Le Vatican trembla de délier nos chaînes ;
» Il craignait le réveil de ces aigles romaines,
» De ces cœurs citoyens qui, brisés par l'effroi,
» Vont de la servitude au loin prêcher la loi.
» Cent ans de cruautés effacent chaque crime,
» Et l'on est plus tyran lorsqu'on est légitime.

« O dieu! que craignaient-ils ces despotes sacrés?
» La Grèce peut lever ses drapeaux adorés,
» Elle peut, dans les fers, désirer d'être libre,
» Ses accens n'iront pas jusques aux bords du Tibre:
» Rome, Rome n'est plus! et pour toute leçon
» Elle montre à ses fils le poignard de Caton.
» J'ai cherché des Romains et j'ai vu des esclaves
» Que l'opprobre a rendus dignes de leurs entraves;
» Chez ces princes d'un jour, sous la pourpre avilis,
» J'ai fait parler l'honneur; ils ne m'ont pas compris,
» Et depuis deux mille ans, bénévoles victimes,
» Ils changent les vertus en vices, puis en crimes,
» Les hommes en sérail, les femmes en sultan,
» Et l'honneur des maris se retrouve à l'encan.
» Dans ces reduits sacrés que l'indolence habite
» On fait de chastes vœux; Sodôme y ressucite.
» Tous les jours, du vieux Loth heureux imitateurs
» Les pères, sur leurs fils, épuisent leurs fureurs,

» Approuvés, commentés par la théologie
» Mille mots degouttans de lubrique énergie,
» Transmis, de race en race, à la postérité
» Éternisent le vice et l'immoralité.
» J'ai cherché dans ces murs élevés par la gloire,
» Ces guerriers généreux enfans de la victoire,
» Dont le cœur palpitait au nom de liberté,
» Ce peuple de héros fier de sa pauvreté,
» Et j'ai frémi d'horreur : des prêtres mercenaires
» Vendaient au plus offrant leurs indignes prières,
» Debout sur les tombeaux des Caton, des Brutus,
» Ils encensaient le vice en prêchant les vertus.
» Malheureux en naissant, malheureux dans leur vie,
» Ils bénissaient les fers qui chargeaient leur patrie;
» Des titres mendiés, des honneurs infamans,
» Voilà ce qui pouvait étouffer leurs sermens !
» Sous le joug onéreux d'un despote inhabile
» Ils ne savaient courber qu'une tête docile,

» Et fiers de l'esclavage, au lieu de s'affranchir,
» Ils briguaient l'univers, c'était pour l'asservir.
» Sans justice, sans lois, j'ose dire, sans prêtres,
» Les Romains abrutis oubliaient leurs ancêtres;
» Et le Tibre à leurs voix reculait de frayeur.
» Le rosaire à la main, le poignard sur le cœur.

» Je les voyais courir au temple de Marie;
» Leur bouche profanait cette croix avilie,
» Ce tabernacle ouvert, ces parvis, cet autel
» Où s'attachaient leurs mains teintes du sang d'Abel;
» Dieu peut-il habiter où le crime respire?
» Où contre la vertu chaque esclave conspire?
» Peuple dégénéré, malheureuses cités,
» Du sein des nations vous êtes rejetés!
» La ruine et l'effroi sont assis à vos portes.
» Il semblent triompher en voyant ces cohortes,

» Ce monde de tyrans qui, d'une sainte main,

» Accourent tour à tour se déchirer le sein,

» Qui s'arrachent entre eux l'honneur de se détruire;

» La mort avec plaisir se plaît à les instruire,

» Et l'enfer dans sa joie applaudit à leurs mœurs.

» L'Europe de pitié pleure sur tant d'horreurs.

» Elle conserve encor certaines apparences

» Qui laissent à nos yeux de faibles espérances.

» L'Europe est un malade à la fin gangrené

» Qui, trouvant par hasard le secret fortuné

» D'arrêter de la mort la marche trop rapide,

» Traîne dans la souffrance une vie insipide

» A laquelle son cœur s'attache en expirant;

» Mais Rome est un cadavre encore tout sanglant,

» Qui n'attend plus qu'un ver pour briser cette chaine,

» Qui semble lui laisser quelqu'apparence humaine.

» Rome, telle qu'elle est, ne peut durer long-temps.
» Elle osa refuser de punir nos tyrans,
» Son cœur sut repousser nos prières fidèles,
» Mahomet triompha, nous fûmes des rebelles.
» Le Christ, la liberté, nos augustes drapeaux
» Dans l'Ottoman vainqueur trouvèrent de bourreaux;
» La croix tomba devant des peuples qu'elle abhorre;
» On nous chargea de fers, nous les portons encor,
» Mais la Grèce bientôt reprenant son essor
» Osera conquérir son précieux trésor;
» De leurs cendres les Grecs renaîtront pour combattre.
» Regardez ces drapeaux, ils sauront les abattre!
» Et pour river leurs fers, enchaîner leurs vertus
» Les tyrans trembleront: Rome ne sera plus!

» Et se tournant alors vers la cité perfide;
» Ville des vanités, peuple d'opprobre avide,

» O Rome que le ciel déshérite à nos yeux,

» Puisses-tu dans ton sein recueillir mes adieux !

» L'Eurotas a frémi. Le Tibre dort encore,

» Il dormira toujours sous des fers qu'il adore.

» Comme un vieil olivier avec force agité

» Qui laisse quelques fruits à son extrémité

» Et deux ou trois encore épars dans son feuillage

» Bientôt tu périras, victime de l'orage

» Que fomentent chez toi des esclaves sacrés.

» L'Europe applaudira sur tes murs délabrés,

» Et sifflant à travers tes palais solitaires,

» Les serpens y seront comme dans leurs repaires ! »

A ces mots, le vieillard, d'un geste méprisant,

Montre ses derniers fers à la ville de sang.

Ses lèvres et son cœur frémissent de colère,

Il paraît accuser Rome de sa misère,

Et ses yeux indignés de voir encor le ciel
Par un doute accablant outragent l'éternel.
De leurs malheurs communs Angéla désolée
Se plaît à raffermir son ame bourrelée.
Pour charmer le vieillard elle arrête ses pleurs.
La pitié fut toujours la marque des bons cœurs.
Elle aime à le flatter d'éspérance trompeuse;
Pour vaincre son chagrin, toujours ingénieuse,
Elle montre au vieux Grec la fin de ses combats,
Lui parle d'un espoir qu'elle-même n'a pas.
L'esclave lui sourit! « Quarante ans d'amertume
» N'ont pas encore éteint le feu qui me consume.
» S'écrie-t-il, je suis né pour verser bien des pleurs!
» Hélas! Je puis compter mes jours par mes douleurs;
» Tout finira bientôt : le soleil de la Grèce
» Ne doit plus raviver ma trop lente vieillesse.
» Mort à la liberté, que pourrais-je espérer.
» La mort, la mort m'appelle et j'ose l'implorer.

» Mais toi, toi, pauvre enfant, vierge de l'Ausonie,
» Ah! tu ne connais pas encor la tyrannie.
» Si ta mère a péri, je bénis son trépas.
» Elle ne verra point sa fille entre les bras
» De ces monstres cruels qui, fiers de l'infamie,
» Trafiquent sans pitié de la pudeur flétrie.
» Partageant d'un sérail l'affreuse volupté
» Tu maudiras souvent ta fatale beauté.
» Esclave comme moi, mais encor plus à plaindre,
» Tu vivras, moi je meurs, je n'ai plus rien à craindre,
» Des hommes, Angéla, qui n'en furent jamais,
» De leurs profanes mains souilleront tes attraits.
» Comme une marchandise, achetée ou vendue,
» Tu verras tour à tour ta liberté perdue,
» Et soumise aux désirs d'hommes voluptueux,
» Ils envieront les pleurs qui coulent de tes yeux.
» Tu frémis, Angéla ! — Non, non, lui répond-elle,
» Mon cœur à la vertu sera toujours fidèle.

» Si je pouvais encor sans outrager le ciel

» Chercher au sein des flots un refuge éternel,

» Je ne tremblerais plus; je rejoindrais ma mère.

» La vie est un fardeau, sa douceur est amère.

» Ne peut-on rejeter ce qu'on n'a pas cherché?

» De mes malheurs futurs votre cœur est touché,

» Il n'est plus de remède à vos justes alarmes.

» —Il en est un dernier, la mort tarit les larmes ;

» Murmure le vieux Grec; pour venger sa pudeur

» Un trépas vertueux se trouve sans horreur.

» Le ciel même applaudit à ce vœu magnanime :

» Qui meurt pour la vertu ne commet point un crime ;

» Nos cœurs ne doivent plus frémir et s'affliger.

» Angéla d'un seul coup nous pouvons nous venger.

» Au fond de ce vaisseau qu'Osman gouverne en maître

» Tout semble t'appeler, tout est prêt, le salpêtre.

» Injuste dans les mains de nos cruels tyrans

» Peut se tourner contre eux et venger tes parens

» Il n'attend pour tonner qu'une faible étincelle ;
» Tu peux tout embraser, sans être criminelle.
» Va, la mort préviendra tes tourmens et les miens,
» Et les Turcs apprendront ce que sont les chrétiens ;
» Esclave maintenant et libre dans une heure,
» Tu rejoindras ton dieu, dans le ciel ta demeure
» De ses fiers ennemis va punir les forfaits.
» La mort sera pour moi le plus grand des bienfaits,
» Je l'attends à genoux, victime volontaire :
» Mon pays recevra mes vœux ma prière.
A ces mots Angéla se prosterne avec lui.

Dans son cœur, sur son front un saint désir a lui.
Les cieux se sont ouverts dans le céleste empire,
Une mère l'appelle avec un doux sourire,
Angéla lui répond, et se levant alors,
Elle croit que le ciel seconde ses transports.

Du feu consolateur la vierge s'est armée.

Elle saura venger sa pudeur opprimée,

Elle avance! au vieux Grec triomphant de bonheur

Elle semble annoncer la fin de son malheur.

« Priez Dieu que son bras soutienne mon courage, »

Dit-elle, et contemplant, à ces mots, le rivage,

L'horizon paternel qu'elle ne verra plus,

Elle laisse tomber de ses yeux abattus

Quelques pleurs que sa main dérobe à sa patrie.

Hélas! il est permis de regretter la vie!

Mais soudain rappelant ses malheurs inouis

Elle court à travers les gardes endormis.

Sa main avec effroi prépare la vengeance,

L'étincelle a brillé: le salpêtre s'élance;

La mort suit: ravisseurs, victimes, tout n'est plus!

Les flots ont englouti leurs membres confondus!

FIN D'ANGÉLA.

Villa Borghèse, 30 octobre 1825.

A Mon Jeune Ami.

A Mon Jeune Ami.

Enfant au doux regard, aux beaux cheveux flottans,
Tes yeux à peine ont vu fleurir dix-huit printemps,
Mais dis, n'as-tu jamais, alors que tout sommeille,
Aperçu dans un songe un fantôme inconnu,
Une vierge aux yeux bleus, au sourire ingénu ?
    Sorti de sa bouche vermeille
    Jamais un mot mystérieux,
D'un sommeil inquiet n'a-t-il privé tes yeux ?
Quand la brise du soir parfume la prairie,
    Quand sur l'aubépine fleurie

A MON JEUNE AMI.

    L'oiseau balancé mollement
S'endort, et que le jour expire lentement,
Promenant aux vallons ta douce rêverie,
Dis-moi, n'as-tu jamais, pensif et recueilli,
D'un être encor sans nom rêvé la jeune image ?
Quand l'onde harmonieuse aux récifs du rivage
Vient se briser, ton cœur n'a-t-il pas tressailli ?
Aimes-tu le doux bruit de la vague mourante
Qui berce l'alcyon dans sa couche flottante ?
Ou bien lorsque les vents se disputent les airs,
Et que gronde des bois l'harmonie orageuse,
    Ton ame calme ou malheureuse
S'endort-elle assoupie à ces lointains concerts ?
Le luth des troubadours, la guittare plaintive
Charment-ils par leurs sons ton oreille attentive ?
La simple fleur des champs, le limpide ruisseau,
    Le triste chant du jeune oiseau,
Le souris du matin, le crépuscule sombre,

Et l'amante des nuits apparaissant dans l'ombre,
De ces riants tableaux l'attrait toujours croissant
N'a t-il pas pour ton cœur un charme renaissant?
Ta mère quelquefois près d'un castel antique
   Te redit du vieux troubadour
Les fabliaux naïfs et le chant romantique.
A ces brillans récits et de gloire et d'amour,
Une larme a mouillé ta paupière tremblante;
Tu sens battre ton cœur, son vide t'épouvante;
   Infortuné, tu fuis le paternel réduit,
    Et des forêts l'ombre mouvante
    Te voit dans l'horreur de la nuit
Poursuivre de tes vœux la fantastique image,
La demander aux vents, aux rochers, au nuage;
Ta tendre mère, hélas! voyant tes yeux flétris
Te demande en pleurant: qu'as-tu donc, mon cher fils?
Ah! s'il en est ainsi, fuis la vierge timide,
Fuis ce souris charmant, cette paupière humide

Fuis, malheureux, ton cœur nourrit des feux cachés;
Eloigne du brasier les rameaux desséchés,
Fuis encore une fois, fuis ta propre faiblesse,
Mais Dieu! ta main frémit sous sa tremblante main,
Ta poitrine avec force et s'élève et s'abaisse!
Tous tes ses sens embrasés brûlent d'un feu soudain;
Pauvre enfant, qu'as-tu fait? ah! reviens à ta mère,
Te voilà maintenant seul, triste, délaissé,
Viens, elle mettra fin à ta douleur amère,
Et quand de ton amour le feu sera passé,
Si tu relis ces vers que ma muse t'adresse,
Si j'ai peint de ton cœur la naissante tendresse,
Ah! verse quelques pleurs sur mon luth amoureux
Comme toi le poëte aussi fut malheureux!

Rome.

Rome.

> Urbem, mi Rufe, cole et in istâ luce vive.
> *Let. de Cic. à Rufus.*

O vous, enfans chéris des arts et du génie !
Vous qui sous le beau ciel de l'antique Ausonie
    Cherchez des chants inspirateurs,
Saisissez vos pinceaux, accordez votre lyre,
Mariez vos transports, et qu'un heureux délire
    Enflamme vos sens et vos cœurs.

Ressuscitez pour vous, dans vos sublimes veilles,
Les immortels travaux, les savantes merveilles

Des Zeuxis et des Phidias;
Dans vos mains tour à tour, que les pinceaux d'Appelle
S'unissent au ciseau du divin Praxitelle :
Osez le vaincre en ces combats.

Osez, tout est permis aux généreuses ames !
Osez ravir au ciel ces feux, ces vives flammes,
Aliment du faible mortel ;
Conquérez tous les arts : que la toile respire,
Que le marbre s'anime, et qu'un dieu vous inspire :
C'est là que peignit Raphaël !

C'est là que dans les airs suspendant sa coupole,
Michel-Ange enfanta, d'une seule parole,
Ce temple chef-d'œuvre des arts !
C'est là qu'heureux rivaux de talens et de gloire

Deux frères à l'envi disputent la victoire,

    Et charment tous deux nos regards (1).

C'est là que du Corrège imitant la magie,
Rubens à ses tableaux communique la vie,
    Et parle à nos yeux éblouis ;
C'est là que le Poussin par son exemple anime
Ce Lebrun immortel, et ce pinceau sublime
    Qui doit peindre le grand Louis.

Et vous aussi mortels, enfans de l'harmonie,
Favoris d'Apollon, qui par votre génie
    Disposez des cœurs et des yeux,
Accourez, accourez; les rives de l'Alphée

---

(1) Les Carrache.

Où le Tigre attendri pleurait avec Orphée,
　　Se retrouvent dans ces beaux lieux.

Sous ce ciel embaumé, luxe de la nature,
Des autans en courroux l'on ne craint pas l'injure,
　　Un beau jour succède au beau jour.
Ici la volupté revêt de nouveaux charmes,
Et si de quelques yeux coulent de douces larmes,
　　Ce sont les larmes de l'amour.

Ici tout retentit des accords de la lyre.
Le héros qui combat, l'amante qui soupire,
　　La mère qui pleure son fils,
Retrouvent dans leurs cœurs cet éloquent langage
Qui, bravant tous les maux, nous charme et nous soulage
　　Pendant le silence des nuits.

Ici l'ame n'est rien qu'amour et mélodie,
Erato, par ses chants, vous prête une autre vie
    Qui vous fera braver l'oubli;
L'impitoyable mort s'attendrit et s'étonne,
Et jouit du plaisir qu'elle-même nous donne
    Sur le tombeau de Corelli. (1)

Par de savans accords, pleins d'une sainte audace,
Cimarosa transporte en célébrant Horace
    Aux lieux où Jomelli chanta.
Pergolèse aux chrétiens révèle la tristesse;
La nature avec nous a pleuré la tendresse
    Et l'infortune de Nina.

(1) Corelli a fait graver sur son tombeau quelques notes qu'il est impossible de voir sans chanter.

Ecoutez, ô mortels, ces accens, ces prières,
Et si soudain des pleurs inondent vos paupières,
    Si vous vous brûlez des mêmes feux,
Si vos sens sont émus, si votre cœur s'élance,
Chantez, chantez, bientôt vous tirerez vengeance
    Des larmes que versent vos yeux.

Chantez ! votre génie a dévancé les âges,
Chantez, la lyre en main conquérez des hommages,
    Suspendez l'arrêt des destins ;
Arrachez-nous des pleurs à force d'harmonie,
Ou, sur des tons plus gais, inspirez la folie
    Aux cœurs palpitans des humains.

Mais si les arts ici trouvent de beaux modèles,
S'ils savent exciter ces vives étincelles,

Allumer ces nobles fureurs ;
Cette terre en héros, en souvenirs fertile
Où tonna Cicéron, que célébra Virgile,
    Ne dit-elle rien à vos cœurs ?

Poëtes, mes rivaux, dans un morne silence,
Pouvez-vous contempler ces lieux où l'éloquence
    Jadis enfantait les vertus ?
Ce Tibre, seul témoin de ces gloires passées,
Ce Tibre ne peut-il arrêter vos pensées
    Sur un empire qui n'est plus ?

Accourez, accourez sur les saintes ruines
Que respecta le temps et d'où les sept collines,
    Semblent défier le néant ;
Venez sur ce Forum dont la mémoire accable,

Et de loin admirez ce monument semblable
>Aux membres épars d'un géant (1).

Parcourez tous ces champs, interrogez la pierre,
Demandez à l'écho, chaque grain de poussière
>Ici rappelle des héros;
Chaque pas est empreint des traces d'un grand homme,
Tout a des souvenirs, et l'éternelle Rome
>Est vivante au fond des tombeaux.

Dans ces tombeaux sacrés apprenez à descendre,
Des rois de l'univers pesez un peu la cendre,
>Voilà ce qui nous reste d'eux!
Et sur ces grands débris la ruine immobile

(1) Le Colisée.

S'étonne que le temps, qui renverse et mutile,
    Ait respecté ces demi-dieux.

Poëtes, chantez donc, voilà votre domaine,
Au char des conquérans la gloire vous enchaîne,
    Dispensez l'immortalité :
Rome pour vous aussi prépare la couronne,
Elle unit sur l'autel Apollon et Bellone,
    Les vertus et la liberté.

Oh! qui me donnera cette brûlante ivresse,
Qui, dévorant mon cœur aux jours de la jeunesse,
    M'inspirait de nobles concerts!
Qui pourra loin de vous! ô bords de la Vendée,
Me rendre cette ardeur dont l'ame est possédée
    A l'approche du dieu de vers!

Franchissant des enfers les ténébreuses routes,
Orphée a pu jadis, sous leurs lugubres voûtes,
    Attendrir d'insensibles dieux;
Liberté, soutiens moi, guide un nouvel Icare,
Et prenant mon essor sur l'aile de Pindare
    Je ne tomberai pas des cieux.

Enfans de Romulus, j'aime votre courage.
Mais pourquoi de Numa briser la sainte image?
Pourquoi donc renverser le trône de vos rois,
Fonder la liberté sur de nouvelles lois?
Ah! ne veillait-il plus au soin de la patrie
Ce sage fortuné qu'inspirait Egérie?
Et n'aurait-il pas dû rappeler à vos cœurs,
Qu'un roi de vos aïeux cimenta les grandeurs?
Rome veut être libre, et Rome est conquérante!
Rome sème partout l'horreur et l'épouvante;

D'une main généreuse elle brise ses fers
Et ne sait pas rougir d'en charger l'univers.
Voyez-vous tout à coup du temple de la gloire
Ces héros s'élancer, voler à la victoire ?
Ils triomphent partout, enchaînent le destin,
Et Jupiter Tonnant les conduit par la main.
Suivons-les dans les camps, c'est là qu'est la patrie !
C'est là que Rome apprend à prodiguer sa vie,
En marchant sur les pas des nobles Décius.
Là chacun est Romain comme Fabricius.
Chacun sait respecter l'honneur et l'innocence ;
Du vainqueur de Brennus l'honorable indigence
Y trouve des amis et des imitateurs.
Le sang de Virginie évoque des vengeurs.
En pleurant sur des lieux pour lui remplis de charmes,
Le vieux Cincinnatus a ressaisi les armes ;
C'est encore un héros, le cœur ne vieillit pas :
La patrie en danger a réclamé son bras.

Il triomphe! et quittant la pourpre consulaire
Il laboure le champ que lui laissa son père.

Trois siècles de vertus propagent ces hauts faits.
Romains, vous êtes grands, et je vous admirais
Lorsque, bien jeune encor, parcourant votre histoire,
Je vous voyais courir de victoire en victoire.
Je combattais pour vous, mon cœur suivait vos cœurs,
Et, me pressant autour de vos drapeaux vainqueurs,
Avec vous je montais jusques au Capitole;
Mon front se couronnait de la belle auréole,
Paul-Emile à mes yeux devenait mon rival,
Et même à Scipion j'enviais Annibal.
Chez vous chaque vertu recueillit un hommage :
Ici c'est Régulus qui retourne à Carthage;
Du Samnite à ses pieds Curius dédaigne l'or,
L'indigence et l'honneur tiennent lieu de trésor.

Là, le peuple à Varon montre de la clémence
Pour avoir espéré contre toute espérance.
Scipion, à vingt ans, renvoie à son amant
La vierge que la guerre arrêtait dans son camp.
Plus loin c'est Cicéron! maître de l'éloquence,
Il ravit les Romains en vengeant l'innocence ;
Au sénat, au Forum sa redoutable voix
A d'insolens tribuns fait respecter les lois.
De ses yeux courroucés que de foudres jaillissent!
Catilina frémit, ses conjurés pâlissent.
Pour la première fois connaissant le remords,
L'exécrable Verrès regorge ses trésors;
Et du noble consul redoutant la sagesse,
Antoine à ses bourreaux va livrer sa vieillesse,
Mais la patrie en deuil lui dresse des autels.

Et toi qui partageais avec les immortels

Les hommages, les vœux de la terre étonnée,
Toi, qui sus réprimer la licence effrénée
En créant des aïeux à tous tes descendans,
Sublime et grand Caton, pourquoi tes bras sanglans
Vont-ils donc déchirer ce sein et ces entrailles
Que la mort respectait au milieu des batailles ?
La liberté périt ! et César est vainqueur !
César veut asservir l'univers.... Mais ton cœur
S'indigne de survivre aux désastres de Rome,
Et la terre a pleuré la perte d'un seul homme !
Et la vertu tremblante, en cachant ses destins,
Près du tombeau sacré du dernier des Romains
Ravit au crime heureux l'honneur de la clémence.
Hélas ! la liberté, les lois et l'innocence,
Tout succombe bientôt, et quelques factieux
S'arrachent tour à tour, se disputent entre eux
Ces lambeaux mutilés d'une gloire éternelle.

ROME.

O Carthage, revis! vois le sang qui ruiselle!
Rome veut te venger sur ses propres enfans,
Rome déchire encor ses drapeaux triomphans.
Applaudis à ses maux, contemple sa furie.
Scipion dans l'exil va terminer sa vie :
Le cruel Marius charge d'indignes fers
La Rome qui voulait asservir l'univers.
De ses proscriptions Sylla couvre le monde.
Il dévore la terre et Rome le seconde!
Le Tibre se rougit des flots de sang romain
Et Brutus à son père ose percer le sein.
Ce n'est pas tout encor, Rome brigue des chaînes,
Elle attend l'esclavage; et les aigles romaines
Cherchent le vil marchand qui doit à force d'or
Acheter leur opprobre, étouffer leur remord.

L'encens fume aux autels d'une femme abhorrée
★

Le peuple-roi bénit le monstre de Caprée;
Le sénat à genoux divinise un tyran,
Et ne sait que pâlir aux ordres de Séjan.
Mœurs des premiers Romains, qu'êtes vous devenues?
O sainte liberté, tes lois sont méconnues;
L'infamie est partout avec Caligula,
Et la pudeur se voile au temple de Vesta.
En forfaits aujourd'hui Rome n'est que fertile.
Contemplez sur le front d'un fantôme imbécille
Ce diadême affreux qui présage la mort,
Et qui passe souvent, par un tragique sort,
De l'enfant des Césars au dernier des esclaves.
Cherchez, si vous l'osez, quelque gloire et des braves.
Exhumez, exhumez ces princes criminels
Que, sous leurs yeux, Tacite a rendus immortels :
Le sang qu'ils ont versé, de cette sombre voûte
Lentement sur leurs cœurs retombe goutte à goutte.
Le frère est à son frère un objet de terreur,

Et parmi tous ces noms dévoués à l'horreur
A peine y trouve-t-on la cendre peu féconde
De quelque bon Titus, les délices du monde;
A peine y voyons nous, parmi des flots de sang
Surnager Antonin, Marc-Aurèle et Trajan.
Pour fuir ces rois cruels dont le crime est l'idole,
Et qui semblent entre eux briguer le premier rang,

  Allons, montons au Capitole,

  Peut-être son brillant laurier

  A mon cœur va faire oublier

  La tristesse qui l'environne ?

Mais d'où vient que d'horreur je tremble et je frissonne?
Pourquoi frémis-je encore au temple où Romulus
Consacrait au grand Dieu les dépouilles opimes?
Ah! le roc tarpeïen dévore ses victimes.
Il se repait du sang d'un noble Manlius.
Il rappelle à mon cœur les chagrins du poëte.
Le Tasse infortuné, pour prix de ses douleurs,

Vient chercher le laurier qui doit ceindre sa tête,
Ce laurier qu'il conquit en arrachant des pleurs,
Ce laurier que pour lui sollicite Herminie;
Et la couronne échappe à sa tremblante main.
La mort a terminé sa déplorable vie
Au moment où la terre, admirant son génie,
Voulait le consoler de son triste destin,
Et lui faire oublier les maux de sa jeunesse.
Ainsi toujours la gloire enfante la tristesse!
Et ce laurier qui doit couronner nos travaux,
Hélas! n'aime à fleurir qu'auprès de nos tombeaux!

Vous seuls, heureux amis, vous seuls dans votre ivresse,
N'avez point regretté ces dons inspirateurs,
Tourmens de vos rivaux, source de leurs douleurs;
Vous seuls, sous ce beau ciel, dans vos douces retraites,
Avez pu tour à tour être amis et poétes!

O Gallus, ô Virgile, ô chantres immortels,
Que j'aime à reposer sous vos tois paternels !
Ici j'oublie en paix les crimes de la terre.
Les vers et l'amitié sont encor ma chimère ;
Ici je puis nourrir mon généreux essor :
Le cygne de Mantoue offre son rameau d'or.

  Sur les coteaux de Lucretile,
  Couronné de lis et de fleurs,
  Horace, joyeux et tranquille,
  Livre aux vents les chagrins rongeurs.
Dans un espace étroit renfermant l'espérance,
Il chante Tyndaris sur le luth éolien,
Et, sablant à Tibur le falerne en cadence ;
Horace est philosophe ; il n'a besoin de rien.
Properce à Tivoli célèbre sa tendresse.
Catulle en déposant son trop malin carquois,

Nous fait pleurer l'oiseau de sa belle maîtresse,
Ou des sots de son temps s'amuse quelquefois,
Quand l'amoureux Tibulle auprès de sa Délie
Chante ses vers enfans de la mélancolie.
Il soupire : jamais son cœur ne l'a trahi,
Et de la voix des pleurs son luth a retenti.
O rois de l'avenir, écoutez mon hommage.
Aux lieux où vous chantiez je demande des chants,
Je parcours ces bosquets, je parcours ce rivage
Qu'animèrent jadis vos sublimes accens :

    Et ma lyre serait muette !
    Et je ne pourrais conquérir
    Ce laurier qui doit du poëte
    Propager le grand souvenir !
    Sans guide, à ma naissante aurore,
    Comme un étranger qu'on ignore,

ROME.

Je m'élance dans l'univers ;
J'erre sur les débris de Rome.
Je vois surnager un seul homme,
C'est Virgile chantant ses vers !

La gloire enflamme le génie.
La gloire enfante les héros.
Pour elle un fils de l'harmonie
Dédaigne un vulgaire repos.
Dans les pleurs et dans la misère
Périt Homère..... Mais Homère
Voit l'univers charmé saluer son tombeau.
Les siècles passent sur sa tête.
Et comme une sainte conquête
La Grèce tour à tour se dispute un berceau !

Je sens cette brûlante ivresse,
Qui fait dévorer l'avenir.
O muse! ô douce enchanteresse,
Avec toi l'on ne peut mourir.
Oui, dans ma généreuse audace,
Franchissant le temps et l'espace,
Je prendrai mon vol jusqu'au ciel;
Et là, moderne Prométhée,
Mon ame d'espoir agitée,
Ravira le feu sur l'autel.

Que de fois, me berçant d'un avenir de gloire,
Je confiai mes pleurs à ces débris muets,
Le domaine éternel des fils de la victoire.
Aux larmes des Romains, je mêle mes regrets;
    Sur la pierre du Colysée
Par de grands souvenirs mon ame est apaisée,

Et lorsque le soleil, versant des flots d'azur
Sur les coteaux rians d'Albane et de Tibur,
   Descend, comme un roi, de son trône;
Lorsque l'airain pieux sous ces voûtes résonne,
   Hélas! j'ai souvent répété
Ces mots qu'on n'entend plus, patrie et liberté!

Le Forum est désert; l'écho du Capitole
Ne peut même comprendre une sainte parole,
L'aigle seule est debout, et le reste.... au cercueil!
Ceinte par le désert comme une reine en dueil,
Rome a voulu saisir un nouveau diadéme,
Et Rome a triomphé! la croix fut son emblême.
A la terre étonnée elle a dicté des lois,
Pour conquérir le monde, il ne faut qu'une croix?

Quels concerts tout à coup ici se font entendre?
D'où viennent à l'envi tous ces peuples vaincus?
L'Orient est soumis, et, lassé de l'attendre,
Le désert vient chercher l'espoir et les vertus.
Rome, Rome, dilate, élargis tes entrailles,
L'univers est à toi, bénis le ciel, tressaille;
La croix a fécondé le plus sauvage bord.
Ah! quels sont ces mortels qui, comme des nuages;
Vont aux fils de l'erreur porter un plus doux sort,
Et conquérir au ciel des saints et des hommages?
Flots, soyez attentifs, vous, mers, apaisez-vous,
Que l'aquilon pour eux dépose son courroux!
A l'ombre de la mort, vous qui pleuriez sans cesse,
Peuples, célébrez Dieu! que le Liban s'abaisse!
Désert, embellis-toi de ta fécondité;
Montagnes, parez-vous d'une sainte beauté!
Au joug du Dieu sauveur ils soumettent les têtes
Ils vont, la croix en main, expliquer les prophètes

Sur des bords inconnus et sur ces mêmes lieux,

Où jadis était Tyr, où brilla Babylone.

Eternelle cité, lève-toi jusqu'aux cieux,

Que l'univers soumis prépare ta couronne;

Mais n'ose plus, bravant et la terre et le ciel,

A des projets humains faire servir l'autel.

Rome 4 janvier 1825.

La

Fille du Malheur.

La Fille du Malheur.

Villa Borghèse, asile des douleurs !
Que de soupirs et de plaintes secrètes
Se font entendre au sein de tes retraites !
Souvent l'amour y vient cacher ses pleurs.
J'y promenais mes vagues rêveries
Un soir d'automne, où les feuilles flétries
Languissament s'échappent du rameau,
Et je disais : tombe, léger feuillage,

Tu renaîtras et plus vert et plus beau,
Et moi qui meurs, au matin de mon âge,
Je resterai flétri dans le tombeau.
Ah! qu'ai-je dit? le souffle qui m'anime
Me fera vivre au-delà du cercueil.

Je méditais ce mystère sublime
Quand j'aperçois une inconnue en deuil,
Belle, mais triste au milieu de ses voiles,
Comme la nuit lorsqu'elle est sans étoiles.
Elle semblait livrée au désespoir.
Ses longs soupirs mêlés au vent du soir,
Le mot d'amour qu'elle avait fait entendre,
Son air touchant, son maintien, sa pâleur,
Tout m'inspirait l'intérêt le plus tendre,
Et la pitié faisait battre mon cœur.

Je l'abordai d'un air plein de douceur,

Et je lui dis : « Vous êtes malheureuse,

» Ah ! je vous plains, car je suis malheureux ! »

Elle daigna sur moi lever les yeux,

Et demeura triste et silencieuse.

« A vos chagrins mon ame compâtit,

» Repris-je alors, est-ce un époux ? un père ?

» Est-ce un amant ?..—Elle tressaille et dit :

» L'infortuné s'est montré sur la terre,

» Il a connu l'excès de la douleur,

» Dors à jamais sous l'insensible pierre,

» Dors à jamais sans craindre le malheur ! »

Je reconnus les soupirs d'une amante ;

Elle ajouta d'une voix languissante,

« J'ai parcouru tous ces bosquets, hélas !

« J'y cherche en vain la trace de ses pas.

» Tout maintenant est mort dans la nature!
» Un jour ces bois dépouillés de verdure
» S'embelliront, je ne les verrai pas. »
Dans sa tristesse il régnait tant de charmes
Que, malgré moi, je sentis quelque larmes.
» Quoi! vous pleurez, dit-elle, ah! comme vous
» Le malheureux était sensible et doux!
» Il préparait les fleurs de l'hymenée.
» L'orage, vient et la rose fanée,
» Le lis mourant n'ont point orné mon front.
» Demain peut-être ils me couronneront.
» C'est un beau jour que le jour qui s'apprête.
« Je vais goûter un éternel repos.
» Toujours le calme a suivi la tempête. »

Elle sourit en achevant ces mots,
Mais son sourire était plein d'amertume.

LA FILLE DU MALHEUR.

« Un feu secret me brûle et me consume,
» Dit-elle encore, il est là, dans mon cœur;
» Le vent du soir est pour moi sans fraîcheur,
» L'air des tombeaux rafraîchira ma cendre.
» Jeune étranger, vous dont l'ame est si tendre
» Adieu.... Je suis la fille du malheur! »
Comme un fantôme à ces mots l'inconnue
Dans les bosquets se dérobe à ma vue.

Le lendemain je dirigeai mes pas
Dans une église où des chants funéraires
Se prolongeaient aux voûtes solitaires.
De noirs tissus annonçaient le trépas.
La rose blanche et le lis en guirlande,
Fleurs d'innocence, étaient sur un cercueil.
Triste et rêveur, je m'approche et demande
Pour qui ces chants, cet appareil de deuil?

« Des passions la suite est bien cruelle,
» Dit un vieillard; elle était jeune et belle,
» Le désespoir a causé son trépas.
» Pleurez, jeune homme, et ne l'imitez pas. »
Je répondis: que ne suis-je avec elle!

Villa Borghèse, 30 octobre 1825.

L'homme.

L'homme.

Homme, si fier de ton génie,
Homme enivré d'un fol orgueil,
Qui n'apparais dans cette vie
Que pour conquérir un cercueil;
Dis? est-ce toi qui de la terre
A posé la pierre angulaire
Lorsque les astres du matin,
Lorsque les chœurs sacrés des anges
Immortalisaient les louanges
Du Dieu qui te tient sous sa main?

Environnes-tu de nuages
Comme d'un simple vêtement
Cette mer qui dans ses orages
Peut t'engloutir à chaque instant?
L'enveloppes-tu de ténèbres
Comme de ces lambeaux funèbres
Qui cachent la mort à nos yeux?
Et lui dis-tu, dans son enfance,
Viens jusques ici; ma puissance
Brise tes flots impétueux?

Peux-tu tracer à la lumière
Un chemin, d'immuables lois?
Et le soleil dans sa carrière
Sait-il s'arrêter à ta voix?
Pour briser les superbes têtes,
Ordonnes-tu que les tempêtes

S'ammoncèlent sur l'ennemi?
Et si tu disais au tonnerre,
Va! Embraserait-il la terre
En te répondant : me voici?

Peux-tu suspendre les étoiles
Comme un pavillon dans les cieux?
Couvres-tu la nuit de ses voiles,
L'aurore de ses plus doux feux?
Porté sur l'aile des nuages
Viens-tu recevoir les hommages.
Des oiseaux bénissant ta loi?
Et l'aigle, dédaignant la plaine,
Vole-t-il au ciel son domaine
Pour saluer son nouveau roi?

*

Non. Ce n'est pas toi qui commandes
Aux cieux, à la terre, aux autans;
Ce n'est pas toi que nos offrandes
Vont apaiser dans tous les temps!
C'est ce Dieu dont la main puissante
Fait vivre, anéantit, enfante
Ceux qui paraissent ici bas :
Sous lui les aquilons volèrent,
Et les montagnes s'abaissèrent
Lorsque l'homme n'existait pas.

Et qu'es-tu donc? Un vil atôme
Perdu dans cette immensité,
Un être d'un jour, un fantôme
Qui brigue l'immortalité :
Le malheur est ton héritage.
Et ce monstrueux assemblage

L'HOMME.

D'orgueil, de vices, de néant
Tourne aussitôt contre lui-même
Les vertus qu'un maître suprême
Lui produiguait en le créant.

L'homme conçu dans la misère,
Enfanté dans l'iniquité,
En sortant du sein de sa mère
Déplore son humanité.
Il vit peu : sa plainte importune
Ne peut arrêter l'infortune
Qui le couronne à son berceau;
Et, comme un nuage qui passe,
Il ne laissera qu'une trace,
Et qu'un souvenir.... Un tombeau!

Comme ceux qui le précédèrent,
Et comme eux, mortel opprimé,
Des malheurs qui les dévorèrent
Son cœur hélas! est consumé :
Il caresse un moment ses chaînes :
Bientôt, fatigué de ses peines,
Il court pour se faire oublier,
Et ce roi, que la mort couronne,
Tombe comme tombe en automne,
La feuille morte du figuier.

Tel que sur des mers inconnues
Un nautonnier audacieux,
Contemple avec plaisir des nues
Des soleils nouveaux à ses yeux.
Porté sur le sein de l'abîme,
Oubliant qu'il sera victime

Des flots que laboure son bord,
Il laisse égarer sa boussole,
L'espérance encor le console,
Mais il ne verra plus le port!

Ainsi l'homme dans son jeune âge,
Tourmenté de mille désirs,
Se plonge, en bravant le naufrage,
Dans l'Océan des vains plaisirs;
Ou brûlant d'une docte ivresse
On le voit jusqu'à la vieillesse
Se consumer et se flétrir,
Des morts interroger la cendre
Pour avoir la gloire d'apprendre,
D'apprendre... Qu'il nous faut mourir!

Et voilà donc cette science
Qui nous enfle tant ici bas!
Voilà la belle récompense
De nos travaux, de nos combats!.
Vieux témoin de notre misère,
Le soleil toujours nous éclaire,
Son globe est toujours enflammé.
Autour de Dieu les astres roulent.
Il sait pourquoi les eaux s'écoulent;
Pour nous, c'est un livre fermé.

Vole, créature insensée,
Limon pétri dans la douleur,
Vole au séjour de la pensée
Pour détrôner ton créateur ;
Va, comme l'aigle téméraire,
Élever jusqu'au ciel ton aire,

L'HOMME.

Fils de l'homme, je t'y suivrai!
Et si déchirant tous les voiles,
Tu te place entre les étoiles,
Moi seul je t'en arracherai!

Et comme ces prêtres du crime
Qui sur les autels de leurs dieux,
Enchaînant l'humaine victime
Qui doit calmer, rompre les cieux,
Ne contemplent qu'avec ivresse
Ce sein qui bondit et s'abaisse
Sous leur homicide poignard,
Ainsi, t'étendant sur l'arêne,
Je ferai de toi mon domaine,
Je plongerai dans ton regard.

» Je veux, dis-tu dans ton délire,

» Boire à la coupe du bonheur,

» Je veux qu'un ange au doux sourire

» D'amour enivre tout mon cœur;

» Et si la vie est peu de chose,

» Comme l'abeille sur la rose,

» Se balance pour exprimer

» Les parfums que sa feuille enserre,

» Moi qui n'ai qu'un jour sur la terre

» Je le consacre pour aimer. »

Ose donc couronner ta tête

De fleurs et de myrtes naissans,

Marche, malheureux, ne t'arrête

Que sur des plaisirs enivrans :

Puisque la sagesse est folie,

Va consumer toute ta vie

L'HOMME.

A saisir l'ombre qui s'enfuit;
Que doucement les heures coulent!
Vis pour aimer! que tes pieds foulent
La rose qu'un soleil détruit!

Et ces plaisirs, ces vains prodiges,
L'éclair d'un fragile bonheur,
L'amour avec tous ses prestiges
Et celle qu'adora ton cœur,
Seront comme est près de Pomone
Le fruit qui devance l'automne,
Victime d'une juste loi;
Et loin de déplorer leurs charmes,
Si tes yeux encore ont des larmes,
Garde-les pour pleurer sur toi.

Toi seul peux pleurer ta folie;
Chacun n'a t-il pas ses tourmens?
Toi seul peux pleurer une vie
Bien longue à qui n'a que des sens.
Mais si bercé par d'autres songes,
Tu veux au pays des mensonges
Chercher d'autres félicités,
Tremble encor, car dans sa colère
Dieu t'aura choisi sur la terre
Pour venger sur nous ses bontés.

La gloire! A ce seul nom ton ame
S'élance et palpite d'ardeur.
Tu sens cette brûlante flamme
Présage assuré du bonheur.
Dans tes veines ton sang bouillonne,
Déjà pour toi la foudre tonne

L'HOMME.

Déjà le bronze destructeur
En alimentant ton ivresse
Te fait trouver ton alégresse
Dans une implacable fureur.

Eh bien cruel, vole aux conquêtes,
Entraîne avec toi des guerriers,
Fais naître, affronte les tempêtes,
Pour moissonner d'affreux lauriers.
Devant toi que l'homme frémisse;
Sous tes pieds que l'onde blanchisse
Comme les cheveux d'un vieillard!
Apprends à désoler des villes;
Fais pâlir les peuples tranquilles
Devant ton affreux étendard!

Semblable au palmier solitaire
Dont les pieds, enfans des déserts,
Se dessèchent dans la poussière,
Comme ses rameaux dans les airs,
Ainsi disparaît ta mémoire,
Ainsi s'évanouit ta gloire,
Tous tes vains songes de grandeur;
Et comme un pauvre mercenaire,
Tu viens demander ton salaire
A ceux dont tu fis le malheur!

Naples, 18 décembre 1825.

Le Dernier Chant du Tasse.

Le Dernier Chant du Tasse.

La mort, la pâle mort me couvre de son ombre,

Déjà ses doigts glacés s'impriment sur mon front,

Ce généreux soleil est devenu plus sombre,

J'appelle mes amis... personne ne répond !

Personne... je suis seul dans la nature entière ;

Chacun fuit les malheurs dont j'ai long-temps gémi,

  Et je vais finir ma carrière

Sans voir sur mon destin pleurer un seul ami !

Le Tibre retentit des chants de l'alégresse.
Peut-être le bonheur sourit-il au mortel ?
Peut-être en ce moment dans une douce ivresse
Deux cœurs se jurent-ils un amour éternel ?
Et moi j'ai tout perdu... tout jusqu'à l'espérance ?
Ma raison s'obscurcit au milieu des douleurs,
  Et pour déplorer ma souffrance
Mes yeux trop fatigués me refusent des pleurs.

O vous tous qui passez sur cette triste terre,
Hommes, si de mes maux votre cœur est touché,
Ah ! ne dédaignez pas mon unique prière,
Le tissu de mes jours sera bientôt tranché.
Sous un tourment nouveau mes organes s'affaisent:
Des fers, d'indignes fers m'accablent de leur poids,
  Déjà les fantômes renaissent,
Et la mort est bien lente à se rendre à ma voix !

Le plus grand de mes maux est de me reconnaître.
Je gémis de me voir, je sens l'affreux poison
Qui dévorant mon cœur, s'attachant à mon être,
M'apprit à détester la vie et la raison.
Oh! pourquoi quand je meurs, victime de l'envie,
Poursuivre un malheureux qui ne put vous fléchir?
  Ma tête avant le temps blanchie
N'a-t-elle donc pas vu ses lauriers se flétrir?

Peut-on s'en étonner? non, depuis ma naissance,
Mon ame ne connut que l'enivrant amour
Mon cœur bien jeune encor palpitant d'espérance,
D'objets inanimés se créait une cour.
Chaque lieu, chaque fleur, les roes les plus sauvages,
Les arbres, tout pour moi devenait enchanté,
  Et sous leurs mobiles ombrages
Je rêvais longuement à la félicité.

Avec l'âge bientôt, au fond des solitudes,
Un sentiment confus s'éleva dans mon cœur.
Il s'exhalait parfois en mille inquiétudes,
Dans un trouble pourtant qui n'est pas sans douceur,
Jusqu'au jour où, des cieux habitante pudique,
Tu voulus bien sourire et m'attirer à toi,
Mon ame s'absorba dans ton ame angélique,
Tu fis anéantir tout l'univers pour moi.

Alors j'étais brillant, alors dans l'Ausonie,
Mon luth retentissait; n'étais-je pas aimé?
Mais du destin jaloux la longue tyrannie
A tari le beau feu dont j'étais animé.
Pour la dernière fois que je voudrais encore,
Quand pour moi le soleil se couronne de deuil,
  La chanter, mon Éléonore,
La chanter et l'aimer au-delà du cercueil!

Ici l'infortuné s'appuya sur sa lyre,
Sa bouche n'exprimait qu'un dédaigneux sourire,
Il avait de la vie épuisé les douleurs :
Chaque jour en naissant accroissait ses malheurs,
Chaque jour sa raison se couvrait de nuages.
Seul, avec ses chagrins, sur ces mornes rivages,
Où le Tibre vieilli roule ses pâles eaux,
Il s'assied, et de loin contemplant les tombeaux,
Les immortels cyprès des conquérans du monde,
Et la ville éternelle en souvenirs féconde,
Il jouit un moment du calme de la mort.
L'affront de la nature et le crime du sort,
Ce long cours de malheurs, ces gloires éclipsées,
Ce sein qui renfermait de sublimes pensées,
Cet esprit créateur, il a tout oublié;
Et son cœur sollicite une avare pitié.

Sorrente l'avait vu, dans sa première enfance
Sur sa lyre dorée invoquer l'espérance.
Son partage honorable autant que rigoureux
Fut d'être avant le temps et grand et malheureux.
Et proscrit à neuf ans, sur les pas de son père,
Comme un nouvel Ascagne, à la terre étrangère
Il allait confier sa jeunesse et ses vers,
Et ce précoce exil présageait ses revers.
Préludant à sa gloire, on vit de ville en ville
Ce jeune infortuné mendier un asile.
Renfermant dans son cœur les secrets du Très-Haut,
Il peignait, en fuyant, l'invincible Renaud,
Et ses chants réveillaient les guerriers de Solyme :
Qui ne naît point sensible est rarement sublime!
Pour peindre les transports, pour chanter, pour ravir,
Le cœur du fils des dieux, hélas! doit tout sentir.

Enflammé par l'amour qui l'agite et l'égare,
Le Tasse, beau, sensible, aux rives de Ferrare,
En créant des héros, en rêvant des exploits,
D'Homère rajeuni fait entendre la voix.
Il chante son amour! Tout à coup l'Ausonie
Fière de ses succès, saluant son génie,
Du laurier de Virgile orne son jeune front,
La gloire le couronne et l'amour lui répond,
L'amour verse des pleurs sur sa lyre attendrie :
Il saisit ses pinceaux, et la chevalerie
Se précipite encore au milieu des hasards.
La lyre est dans ses mains la trompette de Mars,
Aux bords où déplorant l'infortune d'un frère
Les sœurs de Phaéton, orgueilleux téméraire,
Font retentir l'écho du cri de leur amour,
Il voit Éléonore, et soudain dans ce jour
L'Armide enchanteresse et la tendre Herminie
Reçoivent dans ses vers une immortelle vie

Le chantre de Didon et le chantre d'Hector
Dans les cieux étonnés, à ce brillant essor
Applaudissent; tous deux lui tressent la couronne,
Et des accens guerriers son tendre luth résonne.

Sur les bords du Jourdain il conduit ses héros.
Il chante leur audace et leurs nobles travaux,
Et soudain pour combattre, embouchant la trompette,
Il court porter la croix aux sables de Rosette.
Il ressuscite encor ces invincibles preux,
Ces défenseurs du Chrit, si grands, si valeureux.
Le sage Godefroi leur ouvre la barrière,
Tancrède le premier s'élance en la carrière,
Tancrède, ame de feu, qui doit dans les combats
Voir le féroce Argant succomber sous son bras,
Tancrède de l'amour malheureuse victime
Qui, tout baigné de sang, aux remparts de Solyme,

De sa fière Clorinde ira percer le cœur,
Et condamner sa vie à pleurer son malheur.

Le chantre à ses héros a prêté son génie,
Le farouche Aladin croît dans la tyrannie;
Soliman intrépide et sultan détrôné
Vers le ciel ennemi lève un front indigné,
Et sa bouche et son cœur appelant le blasphême,
Il ose défier la divinité même.
La lyre du poëte emprunte tous les tons,
Le moderne Protée, au doux bruit des chansons,
Voit les cris du trépas mourir par intervalle.
Le carnage a cessé : la flûte pastorale
Dans l'épaisseur des bois rappelle le bonheur,
Et près du chaume obscur où le simple pasteur,
Dans une paix profonde, aime à finir sa vie,
On entend soupirer la plaintive Herminie,

Tandis qu'aux bords des eaux, parmi les chants guerriè
Le myrte de Vénus s'unit aux verts lauriers;
La baguette à la main, dans les jardins d'Armide,
Présentant à Renaud une coupe perfide,
L'enchanteur a créé ce magique palais,
Ce cristal où l'amour réfléchit ses attraits,
Où du jeune guerrier la bouche caressante
S'enivre de bonheur aux pieds de son amante,
Et ces bois agités au souffle des zéphirs,
Témoins de sa défaite et de ses doux plaisirs.

Mais réveillant soudain sa généreuse audace
Du sein des voluptés il s'élance, il menace.
Dans les champs de la mort il traîne ses héros,
Et comme un voyageur qui, des sommets d'Athos,
Ne cherche qu'à gravir les cimes orgueilleuses,
Se repose, au milieu des roches sourcilleuses,

Contemple, sans frémir, leur redoutable abord,
Et prenant tout à coup un plus rapide essor,
Brave tous les dangers, vole et chante sa gloire :
Ainsi, pour couronner sa dernière victoire,
Le Tasse plein de feu, voulut, parmi les fleurs,
Reposer un moment ses sublimes fureurs.
Mais sous les murs sacrés l'audacieux poëte
Fait bientôt retentir les sons de la trompette.
Jérusalem s'ébranle, et les fils d'Ismaël
Contemplent en fuyant la croix de l'Éternel;
Ils cachent aux déserts l'opprobre de leurs armes,
Les vainqueurs à genoux inondent de leurs larmes
Ces lieux où Jésus-Chrits mourut pour leur salut.
Le Tasse à leurs lauriers vient suspendre son luth,
Et triomphant aussi, malgré l'enfer qui gronde,
Il semble, en achevant, achever tout un monde.

★

Et que lui revient-il de ces nobles travaux?
Une illustre infortune et d'indignes rivaux!
Le malheur couronna son amour, son génie:
Persécuté, proscrit, il vit la sombre envie
S'attacher à ses pas, outrager ses succès,
Et ses lauriers bientôt se changer en cyprès.
D'un amour malheureux malheureuse victime,
Un cachot renferma le chantre de Solyme,
Et, mortel inspiré, sous le poids de ses fers,
Sa voix se fait encore entendre à l'univers.

Mais les chagrins du cœur et la mélancolie
Dévorèrent bientôt les restes de sa vie.
L'infortuné n'a plus que quelques courts instans,
Le Tibre ami des pleurs voit ses pas chancelans
Pour la dernière fois errer sur son rivage.
Les rides du vieillard sillonnent son visage :

La mort, avant le temps, repose dans son sein,
Et le tombeau pour lui s'est ouvert : mais soudain
Sous les coups du malheur, avant que son luth tombe,
Ressaisissant la vie aux portes de la tombe,
Il exhale en chantant un cri mélodieux,
Et le Tibre du cygne écoute les adieux.

Le dieu qui m'animait termine ma souffrance.
A mes tristes regards déjà la nuit s'avance;
Déjà l'airain pieux invite au doux sommeil.
Le jour fuit : mais demain vous le verrez encore,
 Demain vous bénirez l'aurore,
 Moi, je n'attends plus de réveil !

Demain je dormirai sous la pierre tranquille;
Je ne pleurerai plus... La mort est un asile.

Le bonheur me sourit dans la paix du tombeau :
Et chargé de douleurs, couronné d'amertume,
    Je passerai comme l'écume
    Passe à la surface de l'eau.

Que de joie inspirait la nature et la vie,
Quand je prenais mon vol sur l'aile du génie !
Ce vainqueur sans vaincus, conquérant indompté,
Des terrestres liens tout à coup se dégage,
    Et pour enrichir qui l'outrage
    Il puise dans l'éternité.

Vous ne rejetez point les tribus du génie,
Ces chans inspirateurs, cette belle harmonie,
O mon Dieu, sont pour vous un hommage bien doux
Ils suivent cette voie aux grands hommes tracée,

Et les ailes de la pensée
Rapprochent les mortels de vous.

Hélas! mon cœur aurait rempli sa destinée,
Mon luth ne rendrait plus la plainte infortunée,
Peut-être serait-il digne des dons du ciel,
Si je l'avais toujours consacré sur la terre
    A chanter le dieu du tonnerre
    Qui de mon cœur fit un autel?

Si je n'avais aimé que cet heureux partage,
Si j'eus mis dans le ciel, à l'abri de l'orage,
Ce cœur, avant le temps, brisé par le malheur,
Je goûterais encor mes brillantes chimères;
    Et des voluptés mensongères
    N'auraient pas flétri mon bonheur!

Mais comme un lionceau du fond de son repaire
S'élance tout à coup; d'une dent meurtrière
Déchire sa victime et s'abreuve de sang,
Ainsi j'ai vu sur moi fondre la noire envie,
 Et sur les traits de l'ennemie,
 Je me débats en frémissant.

Rien ne peut l'apaiser, hélas ! rien ne la touche !
Pourtant le miel n'a pas reposé sur ma bouche,
Pourtant je n'ai jamais savouré le plaisir;
Et voilà que je meurs ! et mon Eléonore
 De l'infortuné qui l'adore
 N'aura point le dernier soupir !

Adieu donc, mon pays, adieu, belle Italie,
Où je crus que l'amour embellirait ma vie,

CHANT DU TASSE.

Soleil si généreux, vallon si parfumé,
Printemps que je chantais, adieu, la mort s'avance,
    C'est un bienfait, c'est l'espérance;
    Ne pleurez pas sur moi : j'aimai !

D'un philtre empoisonné l'amour brûla mon ame,
Mais l'ange de la mort aujourd'hui me réclame,
Je ne regrette rien : je suis calme. Les ans
Sans être accumulés sur ma mourante tête
    Ont compté plus d'une tempête,
    Ont dévoré bien des tourmens.

Toi qui vis tant mourir, Rome, Rome, pardonne,
Si des chants du trépas ma lyre encor résonne,
Si le nom que j'aimais me coûte un long soupir.
Des facultés qu'un Dieu me donna sur la terre,

Ah! je n'exerçai tout entière
Que la faculté de souffrir.
Pourquoi ne suis-je pas né sur le doux rivage
Où l'ame ne craint rien du temps et de l'orage,
Où la main du malheur jamais ne nous atteint :
J'y coulerais mes jours dans une paix profonde,
Je ne serais pas pour le monde
Comme une lampe qui s'éteint.

Là, j'aurais célébré les cieux et la nature,
Paisible possesseur d'une existence obscure,
Je n'aurais point maudit les dons du créateur.
Le soleil eût reçu ma prière innocente.
Et sur les monts l'aube naissante
Aurait salué mon bonheur.

Il n'en fut pas ainsi, dans ma première enfance
Je tombai sous les traits d'une injuste puissance,
Le ciel m'avait créé pour être malheureux,
Et, remplissant mon cœur d'une brûlante ivresse,
    L'amour enivra ma jeunesse,
    La gloire exauça tous mes vœux.

Combien Éléonore à mes yeux était belle!
Belle comme un rayon de l'aurore nouvelle,
Qui sourit à travers les vapeurs du matin;
Qu'elle aimait sur les bords de l'onde harmonieuse
    A charmer ma lyre amoureuse
    Quand je reposais sur son sein!

Je suis un insensé! Pourquoi? ma Léonore,
Mon cœur tout délirant te multiplie encore,

L'amour heureux s'éteint au milieu des plaisirs.
Les amans malheureux sont des amans fidèles :
  Et quand peut-être tu m'appelles,
  Mon ame s'exhale en soupirs.

L'amour qui m'accabla sous des mains trop puissantes,
L'amour qui m'a chargé de chaînes innocentes
Pour moi rend plus légers de moitié leurs anneaux :
Le poids est lourd encor : mais l'amour qui m'anime
  Vers toi fait tourner sa victime :
  Penser à toi trompe mes maux !

  O vous dont le cœur jeune encore
  Palpite au seul nom de l'amour,
  Vous qu'un secret instinct dévore,
  Méditez mes chants en ce jour.

CHANT DU TASSE.

Si la déité qui m'inspire
Vous communique le délire
Qui jadis consuma mes sens,
Sur l'aile d'une vive flamme,
Si la gloire ravit votre ame ;
Fuyez ses funestes présens.

Le malheur s'attache au génie,
Comme l'écorce aux verts ormeaux ;
Il couronnera votre vie
D'opprobres, de tourmens nouveaux.
Sous sa main, hélas ! trop puissante
De votre lyre gémissante
Vous verrez l'accord étouffé ;
Et si vous pleurez vos alarmes,
La terre n'aura point de larmes
Pour ceux dont elle a triomphé.

L'homme esclave de la fortune
Ne sait qu'insulter au malheur.
Dédaignant la plainte importune,
Et les soupirs d'un tendre cœur,
Il veut des fils de l'harmonie
Empoisonner la belle vie,
La soumettre aux communes lois;
Ne pouvant suivre leur exemple,
Il aime à détruire le temple
Qui doit consacrer leurs exploits.

Que cette gloire dans la vie
Souvent trouve des détracteurs!
Sur elle s'acharne l'envie
Distillant ses poisons rongeurs.
Tant qu'il existe, l'on voit l'homme.
Ses talens qu'hélas! on renomme

Ne lui servent point ici bas :
Le fanatisme ou l'ignorance
Ne lui laissent que l'espérance,
Il n'est grand qu'après le trépas !

Ah! si vous cherchez sur la terre
Un pur et tranquille bonheur;
Si vous redoutez la misère
Qui s'attache au talent vainqueur;
Rompez cette chaîne sacrée,
Brisez cette lyre adorée,
Eteignez ces nobles élans,
Alors, sans craindre la tempête,
Vous verrez blanchir votre tête :
L'homme ne craint que les talens.

Malheur donc à qui naît poëte!
Malheur à qui voit dans son sein
La soif, la fureur inquiète
D'immortaliser son destin !
Victime d'un siècle profane,
Des cieux l'interprète et l'organe
Disparaîtra dans la douleur,
Et comme moi, comme le Dante,
Il dira : la gloire qu'on vante
Vaut-elle un éclair de bonheur?

Ferrare, lorsqu'un jour la ruine en silence
Autour de tes palais dévastés par le temps
S'asseira : lorsqu'un jour, avides de vengeance,
Tes Alphonse au tombeau descendront tout vivans,
Le beau laurier qui m'environne
Sera ton unique couronne,

Et la noire prison où pendant si long-temps
Je dévorai l'opprobre et pleurai ma victoire,
    Cette prison sera ta gloire,
Mes fers, mes tristes fers seront tes ornemens,
Alors que l'étranger, en parcourant l'histoire,
A pieds joints passera sur tes remparts croulans.

Et toi, toi, mon amante, ô belle Éléonore,
Lorsque bientôt, hélas! au milieu de ta cour,
Comme l'infortuné qui meurt et qui t'adore,
Tes yeux verront la mort te saisir à ton tour :
    Viens près de moi, douce colombe,
    Partage l'honneur de ma tombe;
Anime mes transports de ton dernier regard :
Ah! pour nous séparer le trépas n'a point d'armes.
    Ce chêne qui vit mes alarmes,
Et la mort entourer mon cœur de toute part,

Sous son ombre il verra verser de douces larmes;
Oui, nous serons unis à jamais..... Mais trop tard!..

Il s'arrête à ces mots ; et sa tête affaisée
Retombe tristement : sa poitrine oppressée
Se soulève, et ses yeux dans leur muette horreur,
Se couvrent tout à coup d'un voile de pâleur;
Et lorsqu'un souverain d'un coup d'œil plus propice
Faisait briller pour lui le jour de la justice,
Quand Rome applaudissant à ses chants méconnus
Allait le couronner : le Tasse n'était plus!

Saint-Onuphre, le 15 août 1825.

Les

Catacombes de Rome.

Les Catacombes de Rome.

> Unusquisque proprium donum habet ex Deo :
> Alius quidem sic, alius vero sic
> *Saint-Paul aux Corinth Epit.* 1er,
> Ch. 7. v. 7.

Non, je n'ai point cherché sur les débris de Rome
Ces palais élevés par l'orgueil d'un seul homme;
Ce Capitole sourd au nom de liberté,
Ce Tibre par la gloire enfin déshérité,
Ces nouvelles cités, ces pompes, ces portiques,
Ces temples revêtus de dépouilles antiques,
Ces monumens des arts, ces orgueilleux tombeaux
Qui ne renferment plus la cendre des héros :
Mon cœur les abandonne, ils n'ont rien à me dire,
Ils sont pleins du néant, que Rome les admire!

Pendant ces jours heureux enfans de la gaieté (1),
Prenant de vains désirs pour la félicité,
Rome s'enivre encor du spectacle des fêtes.
Des plaisirs font ses dieux, des songes ses conquêtes;
Hélas! jusqu'à sa gloire, elle a tout oublié,
Sa bouche ne sait plus qu'implorer la pitié.
Un peuple vieil enfant, de ses jeux idolâtre,
Se précipite au cirque et du cirque au théâtre;
Les clameurs d'une joie étrangère à son cœur
Annoncent aux échos les accens du bonheur.
Les échos attristés de craintes s'environnent.
Ils répètent tout bas ces mots qui les étonnent,
Le bonheur! deux mille ans sur ces bords malheureux
L'entendirent de même et fermèrent les yeux,
Et depuis deux mille ans, à ces mots, le vieux Tibre
Se reveille, s'anime, il se croit encor libre.

(1) Ces vers ont été composés pendant le carnaval à Rome.

De son lit glorieux arrachant des drapeaux
Il veut les confier au peuple de héros,
Il s'élance! à l'aspect de la troupe bruyante
Il frémit, et soudain reculant d'épouvante,
Il déchire en pleurant ses étendards vainqueurs,
Et jusqu'au fond des eaux il va cacher ses pleurs.
Et moi je fuis aussi les vanités de Rome!
Le plaisir d'un moment brise le cœur de l'homme.
Il est fait pour les pleurs, non pour la volupté,
Je cours dans les tombeaux gémir en liberté.

Aux mâles accens du poëte,
Cendre des Scipion, famille d'immortels,
Réveille toi soudain; rejète
Ces sépulcres vieillis qui cachent des autels.
Triomphe, sous ces voûtes sombres,
Je viens interroger tes ombres,

Je suis digne de toi, je cherche la vertu.
Mais j'interroge en vain : la mort a répondu.
O crime! ô barbarie! Une main sacrilége
A violé des morts l'auguste privilége.
Avec les ossemens du plus grand des humains
On a vu se jouer les modernes Romains :
Du sépulcre étonné les pierres sont brisées,
Elles ne gardent plus leurs cendres dispersées.
Les vivans des tombeaux ont méconnu les droits,
La mort a passé là pour la seconde fois ;
Et changeant de destin, comme Rome de maître,
Le marbre d'un héros ne contient plus qu'un prêtre (1).

Dans ces champs du trépas, asile des vertus
Moi, je médite encor, mais Rome n'y vient plus.

(1) La plupart des urnes funéraires des grands hommes de l'antiquité servent aujourd'hui à décorer les mausolées que la vanité éleva à quelques papes.

Seulement quelquefois une bouche étrangère
Interroge en passant le guide mercenaire
Que l'or a pu conduire en ces lieux consacrés;
Il ne les connaît pas ces tombeaux vénérés,
Et muet au milieu de la noble poussière,
Il apprend sans effroi quelle fut cette terre,
Que ces murs décrépits, contemporains des cieux,
Renfermèrent jadis des héros ses aïeux?

Plein d'un juste respect, je pénètre, j'avance.
Ces lieux m'ont révélé leur muette éloquence,
La route des tombeaux s'élargit sous mes pas.
La terre des martyrs témoin de leurs combats
Se présente à mes yeux, j'ose encore y descendre,
Mes mains de ces héros peuvent peser la cendre.
Dans le sein de la mort et de l'éternité,
Je fais tomber mes vers fils de la vérité.

Le ciel doit me comprendre, il est juste, il m'inspire,
Je viens pour éclairer et non pas pour maudire;
Mes pas ont résonné sous ces murs pleins d'effroi,
La méditation y descend avec moi.

    Salut, Catacombes sacrées,
    Asile des chrétiens errans,
    D'où les prières inspirées
    S'envolaient comme un pur encens.
    C'est dans ces voûtes souterraines,
    Que loin des misères humaines,
    Le ciel préparait leur bonheur.
    Ils priaient: et les chœurs des anges
    Montaient déposer leurs louanges
Aux pieds de ce grand Dieu qui venge le malheur.

Jadis aux jours de leurs alarmes,

De la foi pieux confesseurs,

Les chrétiens y cachaient leurs larmes,

La croix apaisait leurs douleurs.

Et sur les tombeaux de leurs pères,

Exhalant de saintes prières,

Ils se nourrissaient de désirs.

Un prêtre commandait: l'hostie

Leur donnait la force et la vie,

Tous s'élançaient chétiens, tous revenaient martyrs.

Martyrs, vous avez su conquérir votre gloire.

A la dent des lions disputant la victoire,

Vous n'êtes pas tombés! Dieu soutenait vos cœurs.

L'espérance, la foi vous rendirent vainqueurs.

A genoux, au milieu d'une foule idolâtre,

Vous arrosiez de pleurs ce vaste amphithéâtre,

Ces murs que la ruine habite dans ce jour.
Vos ames s'élevaient au céleste séjour,
Et lorsque des bourreaux l'implacable torture,
Au signal des Romains, outrageait la nature,
Lorsque de leurs cachots les lions rugissans
Couraient pour déchirer vos membres innocens,
Vous, vainqueurs de la mort, calmes dans la tempête,
Aux tigres affamés vous présentiez la tête,
Et votre bouche alors muette de douleurs
Ne savait que prier pour vos persécuteurs.

Martyrs, dans vos tombeaux ma voix se fait entendre ;
Sous ces murs ténébreux qui gardent votre cendre,
Sous ces arceaux bénis, témoins de vos vertus,
Où la mort entassa vos membres confondus,
Je ne viens point verser des larmes mensongères,
Instruites à tromper, quelquefois les prières

Servirent des bourreaux les sanglans attentats.
Au nom d'un Dieu sauveur on arma des soldats,
Et des cieux étonnés évoquant la puissance,
On fit parler l'autel, il prêcha la vengeance.
Non, ce n'est pas ainsi qu'il faut vous honorer.
On peut servir le ciel sans se faire abhorrer.
Héros chrétiens, je veux en vos demeures saintes
Dire de la vertu les souhaits et les plaintes.
L'homme peut se choquer de ma sincérité.
En présence des morts l'on dit la vérité.
Je vais la proclamer dans ce jour à la terre,
Elle vous plaira mieux qu'une froide prière.

Descendant des hauteurs de la belle Sion,
Fille auguste du ciel, sainte Religion,
Tu nais pour consoler les peuples qui gémissent,
Le Calvaire t'enfante et les pleurs te nourrissent.

Comme une jeune mère, auprès d'un premier né,
Se réjouit de voir son amour couronné,
Ainsi sur le Carmel préparant ta victoire,
On te vit préluder à ta future gloire.
Le Jourdain le premier recueille tes douleurs,
Il entend le premier tes chants triomphateurs.
Le Tibre, enorgueilli de commander au monde,
De ton sang, de tes pleurs grossit long-temps son onde;
Sous la dent des lions, à la voix des Césars,
Tu ne courbas jamais tes sacrés étendards.
Ils croyaient triompher de toi comme du monde.
La mort est ta victoire, et la mort te féconde.
Sous le fer des bourreaux tu renais pour mourir,
Tu braves les tourmens, c'est pour nous conquérir.

Semblable au chérubin qui couvre de ses ailes
Le tabernacle saint où les peuples fidèles

Viennent chercher l'espoir et nourrir les vertus,
Ta croix vient protéger les chrétiens combattus.
Mais bientôt triomphant de l'erreur écrasée,
Jéhovah n'est pour toi qu'une douce rosée;
Il fait multiplier tes rejetons nouveaux.
Comme un cèdre superbe étendant ses rameaux
Tu parais : l'univers assis sous ton ombrage
Ne sait que te bénir et détester sa rage;
Mère des orphelins, belle de ta beauté,
Le désert s'embellit de ta fécondité,
Et les rois dont le char plus prompt que la tempête
Parcourait l'univers pour écraser ta tête,
Dont le cœur toujours prêt à craindre, à s'embraser,
Etait comme une mer qu'on ne peut apaiser.
Les voici! dépouillés de leurs cœurs, de leurs armes,
Ils viennent humblement arroser de leurs larmes
Les cendres des martyrs, ces divins ossemens
Que naguère ils avaient accablé de tourmens,

Les Césars sont chrétiens ! l'aigle victorieuse
A l'aspect de la croix, de la croix glorieuse
S'incline, ses bourreaux deviennent ses enfans,
Et les persécutés se changent en tyrans.

L'on ne pardonne plus les erreurs invincibles ;
Qui n'est pas catholique est exilé des cieux.
    Des dogmes inintelligibles,
Des miracles trompeurs vont fasciner les yeux,
L'enfer est toujours là pour qui cherche à comprendre
Les secrets qu'aux humains ils refusent d'apprendre :
Un dicton ridicule enfante des bourreaux.
Leur Christ prêchait la paix : ils s'arment pour des mots.
    Apôtres de la flatterie,
Les prêtres, s'appuyant sur la théologie,
Savent légitimer un heureux attentat.
La calomnie aboie, elle siffle, déchire;

Aux ennemis de leur empire

Ils prêtent les forfaits de leur pontificat :

Et dénaturant tout, l'astucieuse Rome

Fait de Constantin un grand homme,

Et Julien n'est qu'un apostat.

Le Seigneur te donna cette langue savante

Qui console celui que la douleur tourmente.

Faite pour le bonheur de l'homme malheureux,

Tu n'as point de bourreaux, tu n'offres que des vœux ;

Sainte religion, pourquoi donc ta parole

Traîne-t-elle après elle un fer qui nous immole ?

Pourquoi l'homme innocent, de doutes agité,

Ne peut-il librement chercher la vérité?

Son flambeau luit partout, sa lumière est féconde,

Elle est le défenseur, non le bourreau du monde.

Plaignons les malheureux qui savent l'ignorer,

Si le ciel les aveugle, il peut les éclairer.

Nous, nous devons en paix nourrir cette espérance.

Ah! lorsque dans ces lieux témoins de leur souffrance,

Dans ces noirs souterrains où la mort et les pleurs

Précipitaient la croix, emblême des douleurs;

Lorsque de tous côtés, des rois armés contre-elle,

S'acharnaient pour détruire une troupe fidelle

Que de fois, de ses pleurs arrosant les martyrs,

Le chrétien proclama ces trop justes soupirs :

» Mon dieu n'est pas le vôtre, il hait la violence,

» J'obéis à vos lois; laissez la tolérance !

Eh bien! premiers martyrs, de malheureux mortels

Ont repété ces mots aux pieds de vos autels,

Cette croix de salut, cette croix de justice

Ne devint pas pour une mère propice;

Ce Christ mort pour nous tous, ce Christ du haut des cieux

Par la bouche d'un homme écartait tous leurs vœux.

Ces froides cruautés que condamnaient vos ames,

Ces affreux chevalets, ces supplices, ces flammes,

Lassés de tourmenter vos membres palpitans,

Se tournèrent bientôt sur d'autres innocens.

Coupables d'ignorer ce que cachait Dieu même,

On veut les convertir, les forcer au blasphème;

Le fer doit les traîner jusqu'aux pieds des autels,

Ils n'étaient pas chrétiens, ils furent criminels!

Vainqueur, on oublia la sainte tolérance :

L'échafaud célébra la divine puissance,

Et comme si le ciel ne pouvait se venger,

Quelques fervens chrétiens osèrent s'en charger.

La vérité pour eux fut une marchandise.

Dieu se tait : aussitôt ils font parler l'église,

Et, la hache à la main, insultant sa bonté,

Ils osent proclamer la juste vérité.
La vérité n'est point où se trouve le crime,
Et la force jamais ne la rend légitime.

Prêtres, si vous voulez faire embrasser la croix,
Si le monde ne doit qu'obéir à vos lois,
Dépouillez votre cœur de ses vertus factices,
Prêchez par votre exemple et non par vos supplices;
Revêtez pour vous seuls un si noble courroux,
Et s'il faut vaincre ici, combattez contre vous.
N'allez plus au chevet de l'homme qui succombe,
D'un enfer éternel épouvanter la tombe;
N'osez plus, murmurant des mots fallacieux,
Tourmenter la victime en outrageant les cieux.
Il meurt : laissez en paix sa dépouille et sa vie.
Plus fortuné que nous, il fuit la calomnie;
Dans le sein d'un bon père il porte ses combats :

Imitons-le où plaignons-le, et ne le jugeons pas.
L'homme ne doit jamais trahir sa conscience;
En adorant un Dieu peut-on lui faire offense?
Il est de tous les temps, il est juste, il est bon,
Ce Dieu ne proscrit point, il laisse la raison.
Imitez-le, chrétiens, sans suivre de système.
Honorez la vertu; la vertu, c'est Dieu même!

Ah! laissez à l'erreur ses tourments, ses bourreaux;
Les cœurs sont différens, les cultes sont égaux!
Adieu donc, saints martyrs, adieu, saintes retraites,
Puissiez-vous quelquefois sous vos tombes muettes
Inspirer les mortels que le Christ y conduit.
L'erreur de tous côtés nous gagne et nous poursuit :
Morts pour la vérité, faites-nous la comprendre.
Le cœur de l'homme est juste, il est fait pour l'entendre.

Assez et trop long-temps, au nom d'un ciel vengeur
On arma des humains la pieuse fureur.
Martyrs, dans vos tombeaux prêchez la tolérance,
Rappelez du sauveur la céleste indulgence;
Pour être bon chrétien faut-il être tyran?
On doit servir le ciel et non le Vatican.

Dieu qu'adora Newton, et que chanta Voltaire,
Pour un cœur plein d'amour tu n'es point un mystère;
L'univers est ton temple, et nos cœurs ton autel.
Comme lui trop long-temps l'homme t'a fait cruel.
Tu ne commandes point d'injustes sacrifices,
Ton cœur sait distinguer les faiblesses des vices;
Ton plus bel attribut est de tout pardonner?
Aurais-tu créé l'homme afin de le damner?
Non, tu n'amasses point des trésors de colère,

On m'offre un juge en toi, je n'y cherche qu'un père ;
Je fuis l'idolâtrie et ne t'aime que mieux,
Ce n'est pas notre encens, c'est nos cœurs que tu veux.

Rome, 9 février 1826.

Table.

LA VÉRITÉ........................... 3
ANGÉLA, CHANT PREMIER.............. 23
ANGÉLA, CHANT SECOND............... 45
A MON JEUNE AMI.................... 69
ROME............................... 75
LA FILLE DU MALHEUR................ 103
L'HOMME............................ 111
LE DERNIER CHANT DU TASSE.......... 127
LES CATACOMBES DE ROME............. 155

FIN DE LA TABLE.

www.ingramcontent.com/pod-product-compliance
Lightning Source LLC
Chambersburg PA
CBHW060524090426
42735CB00011B/2359